U0740042

本书的出版由 福 特 基 金 会 浙江大学教育基金会 资助

非传统安全与当代世界译丛
Non-Traditional Security in Contemporary World | 译丛主编：余潇枫

Non-Traditional Security in Asia:
Dilemmas in Securitization

安全化困境：
亚洲的视角

梅利·卡拉贝若-安东尼
拉尔夫·埃莫斯 | 编著
阿米塔夫·阿查亚
Mely Callabero-Anthony
Ralf Emmers
Amitav Acharya
段 青 编译
林民旺 校

ZHEJIANG UNIVERSITY PRESS
浙江大学出版社

总　序

　　和众多学术术语一样，"非传统安全"一词源自西方语境，最早出自国际安全研究领域。冷战后的国际安全研究包含两大趋势：一是以军事为主要内容的新"传统主义"；二是将安全概念进行扩展和深化的各种非传统视角，诸如建构主义、后结构主义、女性主义、批判安全理论、人的安全研究、后殖民主义和哥本哈根学派等。后者的研究视角挑战了传统的军事和国家中心主义，但它们彼此在指涉对象的深化（包括"非国家"）方面、在领域的扩展（超越军事部门）方面以及在对安全的理解（不仅仅是危险、威胁及紧急）方面又各不相同。因此，也造成了非传统安全研究内部本身的争鸣和论争。

　　近十年来，亚洲反思非传统安全的关键问题有：安全分析的理论基础以及"安全化"与"非安全化"途径；安全分析的不同层次——国家、地区、地方与个体；超越了国家提供安全防卫的单一角色与能力，为公民提供安全与良好环境以确保其正常的生活需求；国家行为体和非国家行为体在确保安全中的角色与作用；超越政治与军事领域来考虑新的安全议题，如健康、环境、移民、恐怖主义、跨国犯罪、多元主义和经济相互依赖等。

　　非传统安全研究于 20 世纪 90 年代中期引起我国一些学者的重视，之后进入决策界的视域（我国政府从 2001 年起正式使用"非传统安全"一词）。无论是中国新安全观的形成，对共同安全、合作安全的倡导和支持，亦或提出"用更广阔的视野审视安全"，非传统安全问题正在上升为我国国家战略构架的重要内容，因为"在人类历史上，各国安全从未像今天这样紧密相连。安全不是孤立的、零和的、绝对的,没有世界和地区和平稳定,就没有一国安全稳定"(胡锦涛语)。可以说,非传统安全是基于人类面临的诸多安全问题所萌生的安全理想,任何负责任的国家、政府和相关机构、组织,甚至包括个体,必须面对这一安全现实而有所思考和行动。

"非传统安全与当代世界"译丛力求通过系统的引介来从"更广阔的视野审视安全"。所选作品均为当前非传统安全研究领域的前沿著作,是对存在于世界各国的安全概念与方法的一次多样性的表述,希望针对非传统安全主要问题寻求安全可能覆盖的边界,寻求安全政策与安全维护的可能性路径。"用更广阔的视野审视安全",更广阔的视野包含哪些方面? 如何审视新的安全问题? 如何调和不同的视角? ……依然是学界和政策界争论不止的话题。本译丛试图"抛砖引玉",引起国内学界更多的思考和兴趣,建立一个非传统安全研究者共同探讨的平台,也为我国安全战略的制定提供一些"额外"的视角和参考。

最后需要特别提及的是,浙江大学于 2008 年设立了非传统安全管理二级学科博士点和硕士点,旨在培养能在国际国内交互问题上有独特理论基础和实践能力的战略型、复合型高端非传统安全管理的专门人才。本译丛便是博士点设立后的一项系统性学术尝试,首辑译者多为学科点的青年学者和博士生,本译丛的编译出版也是对青年学者及学生的培育和鞭策,万望各界海涵并指正。

最后要感谢译者们的辛苦劳作,感谢中国外交学院学者们为本译丛校对工作所付出的辛劳,感谢丛书编委会专家的指导,感谢福特基金会、浙江大学教育基金会对译丛出版的资助,感谢福特基金会驻中国前任首席代表华安德教授、现任首席代表费约翰先生长期以来对非传统安全研究给予的关注和支持。(2010 年元月于求是园)

主编序

　　浙江大学非传统安全与和平发展研究中心与新加坡南洋理工大学拉贾拉南国际问题研究院的非传统安全研究中心（The Centre for NTS Studies of the S. Rajaratnam School of International Studies）有长期的学术交流与合作关系，本人与本书的几位作者也有过诸多交往与研讨。2003 年，巴里·布赞（Barry Buzan）参加了该中心举办的亚洲非传统安全研讨会，其安全化理论引起热烈讨论，之后亚洲关于安全化理论的研究也随之展开。

　　《安全化困境：亚洲的视角》是对该研究中心 *Non-Traditional Security in Asia：Dilemmas in securitization* 一书的编译，我们专门选编和译介了立足亚洲背景对非传统安全议题的安全化进行探讨的一些实证研究文献。这些文献总体上具有两大特征：一是深深立足于亚洲的语境，二是带有明显的实证色彩。在编译时我们突出强调了两点：一是安全化理论在亚洲实践中的不足与困境；二是对安全化理论进行解读的"亚洲的视角"，即亚洲在推进安全化理论中的努力与创新。为了便于读者以最短的时间对本书有一个概要性把握，本序将着重对安全化理论、亚洲对安全化理论的解读、亚洲对安全化困境的超越[包括对安全化行为体的建构、对安全化路径的拓展、对"去安全化"（desecuritization）研究的深化]等内容作一导引性阐述。

关于安全化理论

有学者认为,冷战结束后的安全研究基本形成了有着重要观点差异的"正统派"、"扩展派"和"全球派"三派。正统派强调冷战后对非传统安全问题的研究只不过处于从属的、边缘的和被支配的位置,因而安全研究的基调和主流不应有实质的变化,安全仍应该以国家间的、国家与非国家行为体之间的对军事威胁的使用、控制和管理的研究为主。扩展派则强调在保持传统安全研究的同时,要实质性地加强非传统安全在安全建设和安全观念中的比重和分量,要对安全的概念进行扩大的解释和理解,以便让安全研究可以涵盖日益凸现的非传统安全问题。全球派则强调要将安全研究和安全关注的重点彻底从传统安全转向非传统安全,认为国家间军事对抗的时代已经过去,应该将基于人类共同利益、共同价值和共同体之上的道德性的安全关怀,变成实质性的国家、组织和国际社会的共同行动。[1] 不管上述三种观点的差异如何,非传统安全上升为重要的安全议题的事实是共同的。哥本哈根学派比较早且颇有贡献地对非传统安全议题进行了理论研究,安全化理论是其突出的理论贡献。

安全化最早由奥利·维夫(Ole Wæver)提出,随后巴里·布赞对其进行了全面的阐述。1991 年,布赞出版《人、国家与恐惧》一书,初步从理论上概括了传统安全和非传统安全问题,把整个安全领域分为"经济、环境、社会、军事、政治"五个方面,并把安全对象层次分为国际体系(international systems)、次国际体系(international subsystems)、单元(unit)、子单元(subunits)、个人(individuals)五个层次。在之后的《新安全论》一书中,"安全化"理论得到了重点阐述。布赞等认为

---

〔1〕 参见朱锋:《"非传统安全"解析》,《中国社会科学》2004 年第 4 期,第 144 页。

"安全化"是这样一个过程:某个公共问题只要尚未成为公共争论与公共决策问题以及国家并未涉及它,这一问题就还被置于"非政治化"的范围,所以还不是安全问题。当这个问题成为国家政策对象的一部分,需要政府的决心和考虑资源的重新配置,或者还需要一种不同以往的公共治理体制的介入,则它就被置于"政治化"的范围,成为"准安全"问题。而当这个问题被政府部门作为"存在性威胁"而提出,并需要多方面采取紧急措施,甚至这些措施超出了政治程序的正常限度而仍然被证明不失为正当,则这个问题就成为安全问题了。所以从广义的角度看,安全化就是使得一种公共问题经过特定的过程(如权威机构"宣布为危险")而成为国家机构涉及的安全问题。国家安全威胁的实质是经过"安全化"机制运作的国际、国内社会公共问题的政治升级与社会建构。为此,"安全化"不仅使"宣布或认定为危险"成为一个合理的施动过程,而且还能很好地解释为何不同的国家会有不同的安全重点,不同的历史阶段会有不同的安全重心。而且,真正的安全问题被"政治化"之后表明,"安全"自然"是超越一切政治规则和政治结构的一种途径,实际上就是一种所有政治之上的特殊政治"。[1] 所以在现实中,当任何问题被认可为"安全化"的对象时,就会形成新的安全领域。

安全化理论的贡献在于可以把诸多原属于低政治领域的非传统安全问题纳入既有的安全框架内进行考虑,或者非传统安全问题可能通过安全化的路径——反复强调的逻辑、特殊的修辞结构、特定的言语行为(speech act)、认同的文化建构等——成为重要的新安全议题,从而把国家安全与社会安全、人的安全、全球安全整合在一个思考的框架内,使得以往其间的鸿沟有可能得以消除,其间的基点有可能相融合,其间的影响有可能被强化,其间的方法路径有可能被借鉴和运

---

〔1〕 巴里·布赞,奥利·维夫:《新安全论》,朱宁译,浙江人民出版社 2003 年版,第32—37 页。

用。安全化理论达成了安全研究的方法论突破,带来了安全议题界限
的拓展,引入了建构主义的安全分析元素,使得"言语行为"成为安全
建构中的重要途径,把安全从客观安全拓展到主观安全再拓展到主体
间建构安全的层面上,从而超越了传统的现实主义安全困境。但是在
亚洲的语境中,安全化理论遇到了难题、受到了多方面的检验,本书便
是基于亚洲的语境对安全化理论的某种考量,这也是本书的价值和意
义之所在。

亚洲对安全化困境的解读

　　本书的几大章节均从不同的安全领域探讨了安全化困境、安全化
理论的效度,以及如何实现对安全化理论的超越。

　　彼得·乔克(Peter Chalk)在《亚太地区的疾病与复杂的"安全化"
过程》一章中探讨了亚洲的疾病的安全化问题,他认为疾病的跨国传
播是后冷战时代安全性质变化的重要标志之一,传染病在亚洲的大规
模"轻松"传播,不仅冲击了以往的区域稳定、国家稳定和国际稳定理
念,而且冲击了传统的以某敌对国为中心制定安全策略的范式。疾病
跨国传播的安全化过程表现出了非传统安全与传统安全的重要不同:
首先是强调社会公共秩序的社会安全与强调民众个体生存质量的人
的安全,取代了原来的强调维护国家领土主权完整的国家安全;其次
是没有外在敌人威胁下的无组织无预谋的疾病骚乱,取代了传统安全
理念下的国家间的有组织有预谋的军事暴力;第三是应对非传统安全
威胁的合作(个人或国家间)所取得的共赢结果,取代了应对传统安全
威胁的国家间竞争的零和结局。但乔克指出,虽然因传染病跨国传播
已上升为安全层面的挑战而使得其安全化已经迫在眉睫,但对亚太地
区的疾病进行安全化的过程是"复杂"的。乔克强调,全球化已经到达
地球的任一角落,现代医疗措施特别是抗生素的普遍大量使用导致了

适应性和抗药性更强的疾病,日益加速又不可持续的城市扩张从多方面助长着传染病的传播,全球气温上升和气候变化引发多种灾害进而使受灾地区随时可能爆发传染病,特别是性滥交和静脉注射毒品等社会和人类行为方式的改变与增多,更使得艾滋病等传染性疾病"横行肆虐"。虽则传染病在亚太地区广泛传播导致的后果是严重的,但乔克认为大多数国家对这一非传统安全挑战的认知和表达均还停留于传统安全层面,其安全化努力仅仅关注到生物武器的袭击可能造成的大规模传染病,加上褊狭的政治范式、脆弱的评估体系、低效的防治措施、稀少的专业官员,因而疾病能否成功地在亚太地区被"安全化"并不肯定。

伊拉维尼尔·拉米亚(Ilavenil Ramiah)在《亚洲艾滋病问题的安全化》一章中强调对艾滋病问题的安全化是无容置疑的,但对安全化行为体的确认则是一个可以探索的新话题。拉米亚通过对中国、印度等国艾滋病传染途径的研究,以及对高危人群通过桥梁人群传染至普遍人群的机理分析,揭示了亚洲地区特别是东亚、东南亚和南亚地区艾滋病传染情况越来越加剧的现象,并且强调如此发展下去会在人的安全(死亡率上升)、经济安全(生产力下降)乃至军事安全(对军队和维和部队的影响)方面产生毁灭性后果。那么如何开展安全化策略研究?拉米亚颇有独创性地将安全化行为体分为启动行为体、催化行为体和实施行为体三类,并指出:承担首要责任的是"启动行为体"——中央政府;起关键作用的是"催化行为体"——国际机构和他国的中央政府;起特殊作用的是"实施行为体"——地方政府、非政府组织或政府组织、宗教组织、媒体、私人企业和工会。这些安全化行为体的不同范围和它们之间的相互作用和影响,使得安全化过程变得十分复杂。拉米亚指出了"言语行为"路径的局限性,因为"言语行为"的实施者即"安全化行为体"。拉米亚提出了艾滋病特有的安全化过程的四个步骤:一是"启动行为体"(中央政府)与广大群众之间发生交流,这是一个劝导、说服以及协商的过程;二是"催化行为体"与"启动行为体"(中央政府）之间的互动，这是一个沟通、劝导、协同、评估、援助，以及有条件地供给资源的过程；三是"启动行为体"（中央政府）与"实施行为体"之间的交流，这是一个表达、沟通、劝导、协调、资助、支持，以及有条件地供给资源的过程；四是"实施行为体"与更广泛人群之间的互动，这是一个讨论、活动、草根会议、说服、劝导、协商，以及为"听众"提供大量资讯的过程。要实现如上安全化过程的劝导和协商机制，拉米亚认为要重视安全化关键性指标的建构。有效安全化的关键性指标有五个：第一是设立艾滋病相关政策形成和协调的权威机构，第二是建立一个推动所有伙伴结成联盟的全国性艾滋病行动框架，第三是将艾滋病议题归入全民发展议程，第四是建立全民协调与评估系统，第五是将艾滋病感染率降低，也即综合性指标的实现。拉米亚通过对艾滋病问题安全化的理论解读是深刻而有创见性的，甚至其对亚洲安全化困境的现实指出了超越性的路径。

亚洲对安全化困境的超越

从亚洲的语境来看，安全化理论有其不足之处，因而在亚洲对安全化理论研究的同时也伴随着对安全化理论的质疑和拓展。比如，当安全化的行为体或启动行为体不作为时，安全化如何达成？当治理的主体变得多元时，安全化路径如何进行有效的拓展？即使安全化对安全问题的解决有其效果，是否以去安全化的路径作为长期的政治目标更为合理？

对安全化行为体的建构与对安全化路径的拓展

拉米亚在《亚洲艾滋病问题的安全化》中所提出的安全化行为体集合的建构也是对安全化路径研究所做的拓展。正如其总结的那样，"安全化"概念有巨大潜力，安全化行为体分析也适用于更广泛的非传统安全问题,如果一个问题需要安全化,而启动行为体不重视的话,那么催化行为体、实施行为体会成为安全化的必需要件,"安全化过程将不仅涉及由某一行为体施加的单边信息,更涉及对社会和政策伙伴之间交流重要的更广范围内的劝导和协商机制"。我在《非传统安全概论》一书中曾对布赞通过"政治化"路径实现安全化进行了拓展性解释,强调了通过"社会化"路径实现安全化的重要性与可行性,而拉米亚则在他的研究中强调了还可以通过"国际化"和更广义的"社会化"路径实现安全化,以最终求得对安全挑战的有效应对。

鲍勃·哈迪威纳达(Bob Hadiwinata)的《贫困与印尼非政府组织在维护人的安全中的作用》一章,强调的是非政府组织作为安全化主要行为体对亚洲安全化困境的超越。印尼政府未能在经济危机和危机后的政策调整中照顾到弱势群体,因而对贫困进行安全化的"政治化"路径空缺。哥本哈根学派所强调的解决非传统安全问题"要依靠紧急的政府行为和危机时政府出台的政策"在此受到挑战。哈迪威纳达在分析中指出,国家在维护人的安全的过程中担负主要责任,但是在一些情况下,国家本身就是造成人的安全问题的一部分。如在印度尼西亚,穷人们把导致自己贫困的原因归结为政府,并把官员称做"骗子"、"诈骗犯"、"投机者"。而与印尼政府一起不计后果地实施结构调整方案而使贫困率大幅上升的还有国际货币基金组织。当国家行为体未能履行保护贫困群体职责时,非政府组织会试图将贫困安全化,他们的目的至少有二:一是帮助贫困群体通过自我救助来解决自身问题,二是代表被忽视群体斥责那些威胁他们安全的社会和政府制度。这样,在贫困的安全化问题上,非政府组织成为行为体,贫困群体成为指涉对象。哈迪威纳达指出,非政府组织参与维护人的安全的动因是:人的安全问题被提上了议程,人的安全维护使非政府组织面对受益人、赞助人、政府和公众时享有良好声誉,人的安全也为非政府组织的存活和可行性提供了机遇。特别值得一提的是,一些印尼的非政府组织只是动员贫民展开自我救助活动,因而成功地避免了与意识形态对抗的直接联系。似乎哥本哈根学派所未预料到的是,哈迪威纳达的论证表明,当国家出现问题或无法履行职能时,贫困等非传统安全问题的解决方案可以超越国家职能的界限之外。换句话说,贫困的安全化进程使得在对待非传统安全因素时,需要将国家以外的行为体(非政府组织)作为合法机构。

对"去安全化"研究的深化

"去安全化"是与"安全化"相对的一个范畴,它强调的是不要将公共问题上升为安全问题进行处理,认为安全化代表正常政治制度或机制处理问题的失败,因而不提倡将问题提升至安全领域进行处理,而认为应该将问题排除于安全领域回到公共领域进行处理。克劳迪娅·阿拉多(Claudia Aradau)曾在研究亚洲安全化问题时指出:"好"的去安全化行为获得的支持远远高于"坏"的安全化行为。本书中,普里扬卡·乌帕德亚雅(Priyankar Upadhyaya)即从"去安全化"的视角研究孟加拉移民问题。他通过孟加拉移民问题,对亚洲安全化的困境以及哥本哈根理论的不足进行了评述。乌帕德亚雅认为在应对非传统安全挑战中,对安全化和去安全化的良好理解与把握十分重要,特别是在非欧洲区域的研究更有其对安全化理论框架进行检验的价值。他指出,经济萧条、工业化水平低、社会动乱、人口激增、政局动荡、宗教影响、民族冲突等都是孟加拉移民现象的刺激因素,而对印度各州来说,孟加拉移民狂潮则是一个难以摆脱的存在性威胁,因而也引发了印度移民将压倒原住民的担忧与各州反孟加拉移民的排外浪潮。跨境移民问题作为南亚地区未来几年内一个有争议的难题,乌帕德亚雅认为对其作不同的解释就会有不同的安全应对,如果以国家范式至上的范式为参照,即按照安全化的路径进行考虑,跨境移民则是对移民接纳国的重大威胁;如果以生命至上的范式为参照,即按照去安全化的路径进行审视,则跨境移民可被解释为是"当地居民跨境寻求美好生活的人类长期问题",因而它可能在变成国家安全问题之前就得到控制。乌帕德亚雅对这一议题的去安全化路径的具体构想是：放弃单一的主权至上的观点，控制移民的共有原因，在有迁移征兆之前解决或缓和局势，不是简单地关闭整个边界而是进行勘查，给从事某些特定工作的人发行身份证，加强地区级别的双边对话；更积极的做法是给移民发放工作证，让其有序进入、合法工作和暂住；或者承认已经进入印度的孟加拉人为阿萨姆社会的一部分，实施同化政策，等等。乌帕德亚雅指出安全化路径也有其效用，但去安全化更应当被视为一个长期的政治目标，是"一种解决问题的美好愿景"。

约瑟夫·庆永·廖(Joseph Chinyong Liow)的《马来西亚处理印尼劳工的方法：安全化、政治化，还是宣泄？》对安全化理论提出的分析框架进行了运用与检验，指出了其适用性与缺陷，特别是考察了政治与安全问题间的某种张力。廖认为，安全化理论的贡献在于拓展了安全议程与安全指涉对象，并将安全化过程从政治化过程中区分出来；正是得益于安全化理论，移民劳动力问题被作为了普遍性威胁的安全问题来进行分析——马来西亚境内规模庞大的无证印尼劳工导致就业竞争激烈、犯罪率提高、外来移民劝诱当地人改变宗教信仰等，增加了马来西亚人对社会结构断裂和恐怖主义活动的担忧，最终"他们对国家安全构成了威胁"。本世纪初，马来西亚政府对外籍劳工进行过大规模驱逐，并实施"最后雇用印尼劳工"政策(只实行了两周)，这引发了一系列骚乱，造成了政治及外交影响。廖认为，马来西亚政府对印尼劳工的"安全化"所造成的影响不仅局限于使建筑业摇摇欲坠、使马来西亚的国际声誉受损，而且还暴露了安全化概念本身的模糊不定。此中的关键点是要明确安全的指涉对象是谁。如果是印尼劳工，那么他们在危及马来西亚社会安全的同时亦有利于马来西亚的经济安全，况且印尼移民中有一部分拥有马来西亚出身证明却没有身份证的人，还有一些确实是为摆脱迫害从动乱的北苏门答腊省逃出来的政治难民。由此可以看出，"安全远非一个普遍的价值，而是一个复杂的概念"，很多情况下会出现琳娜·汉森所说的"沉默者的安全"(一些群

体无法表达、没有权利表达或没有渠道表达其安全诉求），安全化的
"言语行为"在此失去效用。廖特别指出，在欧洲的社会政治背景下，
政治领域与安全领域是相对区分的，而在同时决定政治与安全话语的
国家强权下，公众舆论只是"相关观众"或"无助观众"，因而，在关于非
法印尼劳工问题的讨论中，公众舆论的批评不被政府接纳也没有出现
在国家控制的媒体中是不足为怪的。而事实是，安全化在印尼很大程
度上只是一个"符号行动"，双边管制是临时的，紧急措施的执行是低
效的，非法印尼劳工背后存在着大量腐败问题，政府各部门之间也存
在不同意见而相互攻击。由此可以看出，安全化理论在亚洲语境下缺
乏解释力之处在于：移民问题本身是复杂的、不清晰的，甚至充满争议
的，安全化不能给予其确定的边界；政治领域与安全领域的区分在消
除非法印尼劳工构成的安全威胁中没有体现，相反对非法印尼劳工的
安全化被置于正常的政治范围内，而不是被排除在政治程序外；再是，
脱离政治领域的环境背景或行为体的话语是不能被建构的，试图利用
安全话语来处理非法印尼劳工问题难以成功。为此廖得出的结论是：
安全的话语表达固然重要，但安全化理论对"言语行为"认识论的依赖
只有当它与行动能力相结合时才具有具体现实意义。

致　谢

新加坡南洋理工大学拉贾拉南国际问题研究院的非传统安全研
究中心是亚洲非传统安全研究的高地，近些年来他们出版的重要著作
有：《亚洲非传统安全研究：趋势与问题》（*Studying Non-Traditional
Security in Asia：Trend and Issues*）、《时代的亮点与污点：亚太地区
的海上安全》（*The Best of Times，The Worst of Times：Maritime
Security in the Asia-Pacific*）、《巴厘之后：南亚的恐怖主义威胁》
（*After Bali，The Threat of Terrorism in Southeast Asia*）、《新恐怖

主义：剖析、趋势及对抗之策》(*The New Terrorism, Anatomy, Trends and Counter-Strategies*)、《战略趋势：东南亚的新走向》(*Strategic Currents: Emerging Trends in Southeast Asia*)等。在本译丛的选题过程中，王逸舟先生特别推荐了该研究中心 *Non-Traditional Security in Asia: Dilemmas in securitization* 一书，本书的编者和作者给予了慷慨的版权赠予，在此要深深致谢。

　　本书的译者段青博士在马里兰大学政治学系获得了博士学位，现在对外经济贸易大学任教，其初涉非传统安全研究，所作的翻译亦是某种尝试，不足之处在所难免。外交学院卢静副教授对本书翻译工作的完成倾注了专门的关心，外交学院林民旺博士对全书进行了认真校对，浙江大学李佳博士对全书进行了再次校对和润色，在此一并表示感谢。感谢浙江大学非传统安全与和平发展研究中心秘书陈立影以及本书责任编辑葛玉丹付出的辛劳。

　　敬请读者批评指正。

目　录

导　论　理解非传统安全:被安全化的动因

梅利·卡拉贝若-安东尼 拉尔夫·埃莫斯
Mely Callabero-Anthony and Ralf Emmers

20 世纪 90 年代,安全研究领域被大大地重新定义了。"安全"这个词本身也变成一个充满争议的概念。其传统的定义受到质疑,该概念也成为多种解释的对象。传统上,"安全"被限定为国家间军事领域的问题。与之相比,现在安全的指涉对象已不再局限于国家以及防御其受到军事攻击,还包括了社会和人类全体。相应地,传染病、环境恶化、走私非法毒品、贩卖人口都被学界认为是具有安全含义并需要迫切关注的问题。这些非军事的担忧被安全研究的文献归类为非传统安全(NTS)挑战。

学术界讨论的重新定义与扩大安全概念也得益于安全研究领域新的安全概念的提出。在亚洲,"综合安全"和"合作安全"成为部分新发展出来的安全词汇。[1] 另外,"人的安全"的思想强调了个人与社区的威胁与不安全,为重新思考安全问题提供了新的路径。[2] 该思想在日益涌现的威胁与不确定的情形下得到了更多的回应和接受度。

同时,政府、决策团体和市民社会成员也倾向于跟学术界一样重

---

[1] Alagappa, M. (1998), *Asian Security Practices: Material and Ideational Influences*. Stanford: Stanford University Press; Capie, D. and Evans, P. (2002), *The Asia-Pacific Security Lexicon*. Singapore: Institute of Southeast Asian Studies.

[2] United Nations(2003), *Human Security Now: Protecting and Empowering People*. New York: Commission on Human Security.

新定义安全问题，把大量的国家和跨国家的问题作为安全问题来对待。非传统安全问题被政界认识为对国家主权和领土完整的威胁，也对相应社会与个人构成了威胁。决策圈内的这些进步也出现在亚洲，表明该区域目前面临越来越重要的各种安全挑战。仅仅在最近十年，亚洲不得不面对一系列重要的非传统安全挑战，包括1997年至1998年的金融危机，之后的非典型肺炎（SARS）和禽流感、国际恐怖主义，以及2004年的海啸。

本书不仅仅反映了当前安全概念的变化趋势，也是对亚洲安全问题进行进一步思考的组成部分。亚洲非传统安全作为防御与战略研究所申请的福特基金会研究项目之一，对该地区出现的非传统挑战进行了全面而详尽的分析。更重要的是，本书提供的概念框架超越了介绍这些非传统安全的实例，可以进一步理解这些问题如何出现与为何出现的复杂过程，以及它们是如何被政府和非政府行为人定义与应对的。它把哥本哈根学派的安全化或去安全化的概念进行了修正并使之得以应用，使大家理解如何认识和管理亚洲非传统安全问题。

另外，本书也研究了非法移民、艾滋病与其他传染病、各种跨国犯罪如海盗、贩毒和武器走私，还有贫困和环境恶化等问题的安全化与去安全化过程。为了深入探讨这些问题，各章强调了一系列的突出问题，包括在促进或阻碍非传统安全进程方面的国家与非国家行为人的角色、国内政治在非传统安全方面安全化的影响，最后是不同的安全概念的相互作用——民族/国家安全、综合安全和人的安全以及它们与安全化和去安全化过程的关系。

分析框架

超越哥本哈根学派有关安全化与去安全化的理论?

为了理解对非传统安全问题安全化的动力系统(dynamics),本书从哥本哈根学派创设的安全化和去安全化概念开始讨论,并有所完善。安全化/去安全化理论是哥本哈根冲突与和平研究所提出的。其代表性著作是由巴里·布赞(Barry Buzan)、奥利·维夫(Ole Wæver)、杰普·德·王尔德(Jaap de Wilde)和其他人共同完成的。[1]虽然在这些学者中存在着比较大的分歧,但是这一学派还是发展了一些实质的用来重新思考安全问题的概念体系。另外,哥本哈根学派在拓宽安全理论方面扮演了重要的角色。他们的贡献不仅包括提出了新的安全指涉对象(除国家之外),并且提供了一种界定安全及某一事件如何、何时被安全化或去安全化的分析框架。

在《安全:一种新的分析框架》一书中,布赞、维夫和王尔德阐释了安全"是当一种问题被呈现为对一个指明的指涉对象存在的潜在威胁(传统上指的是国家,包括政府、领土和社会,当然并不一定是这样的)",它涉及到生存问题。[2]哥本哈根学派界定了五种安全的类型(军事的、环境的、经济的、社会的和政治的安全),每一类型的动因是由安全化行为体和相关指涉对象所决定的。前者被定义为"通过阐述宣布某种事态而使问题安全化的行为主体,例如一个指涉对象,存在

〔1〕 Buzan,B.,Wæver,O.,and de Wilde,J.(1998),*Security: A New Framework for Analysis*.Lynne Rienner,Boulder,CO.;and Wæver,O.(1995),"Securitization and Desecuritization",in R.D.Lipschutz(ed.),*On Security*.New York:Columbia University Press.
〔2〕 *Ibid.*,p.21.

着威胁"，[1]并且可以被诸如"政治领袖、政府机构、游说议员者和压力集团感知预期到的事态"。[2] 指涉对象是"那些存在威胁并合法宣称生存权的行为体"。[3] 指涉对象可以是国家（军事安全）、国家主权或者意识形态（政治安全）、国民经济（经济安全）、集体共识（社会安全）、物种和栖息地（环境安全）。[4]

　　关键的问题在于，"安全"是否可以被扩大到含有五大类别而不使其失去中心内涵的一致性。哥本哈根学派强调这个问题可以通过安全化和去安全化的模型解决。他们指出，任何一个特有和具体的问题都可以被非政治化、政治化或者是安全化。当某一事件没有被国家着重强调，且没有被引入公共讨论时，它就是非政治化的。而当一个事件被纳入公共政策的一部分，或者是需要政府出面来定夺与分配资源时，抑或是更独特的，需要一些其他形式的社会管理，它就是政治化了的。[5] 最后，一个政治上的关注可以通过安全化的过程和方法而被安全化，后者指的是一个"把问题塑造为安全化问题"的过程。[6] 安全化"是一种促使政治超越既定规则的博弈和运动。它把问题塑造成一种要么是属于某一特殊政治类型的，要么是高于政治之上的"，它可以"被视为一种更终极的政治化"。[7] 去安全化，从另一方面看，指的是相反的过程，它涉及到把问题由紧急事件模式转变到政治领域的一般性的商谈过程。[8]

　　哥本哈根学派强调"言语行为"（speech act）在安全化过程中的重要性。[9] 言语行为涉及表征某一类事件对安全存在威胁。安全化行

---

[1] *Ibid.*，p. 36.
[2] *Ibid.*，p. 40.
[3] *Ibid.*，p. 36.
[4] *Ibid.*，pp. 22-23.
[5] *Ibid.*，p. 23.
[6] *Ibid.*，p. 75.
[7] *Ibid.*，p. 23.
[8] *Ibid.*，p. 4.
[9] Wæver, O.，"Securitization and Desecuritization"，1995，p. 55.

为主体运用言语行为来将一个问题用安全术语表达，并且说服有关受众认识到存在有迅疾的危险。这种采用安全术语的表达为动员民意提供了条件，并为安全化行为主体动员国家力量和超越传统规则束缚创造了权利。重要的是，安全上的关注必须要被宣扬和表述为存在的威胁。[1] 这条重要的标准使得哥本哈根学派能够将对安全的理解与生存的问题联系起来。

哥本哈根学派依靠两阶段的安全化过程来解释一个事件怎样以及何时被接受和理解，并作为对安全存在威胁的阐释。除了对言语行为的应用外，安全化的行动只有在安全化主体成功地说服某一特定受众（意见领袖、政治家、军队官员和其他精英）相信指涉对象存在一定的安全威胁时才是成功的。哥本哈根学派认为，什么才能构成威胁是一个主观问题，取决于对安全威胁的共同理解。安全化因此指的是对某些现象、某一类人或某一实体作为潜在威胁及所应采取应急措施的归类及共识。在这种情况下，那些被应用于应对威胁的"标准"的政治程序就不再被视为能够胜任了，而应该采取超常规的做法。由于事态的紧急性，选民与支持者们就能够允许那些游离于正常政治程序范围之外的应对措施。不过，哥本哈根学派指出，安全化行动的成功运用并非取决于采用和执行类似的超乎常规的行动。

简而言之，哥本哈根学派提出了下述几个问题：

＊谁和什么将成为安全的指涉对象？它可以是那些拥有事实来宣称因自身受到威胁而求生存的个人、群体（难民、践踏人权而产生的受害者等等）和一些议题领域（国家主权、环境、经济等等）。

＊谁是安全化的行为主体？它可以是政府、政治上层集团、军队和市民社会——他们通过宣称对某一特定指涉对象存在威胁来将一个事件安全化。

---

[1] Buzan,B.,Wæver,O. and de Wilde,J.,*Security*,1998,p.24.

＊相反，什么是去安全化行为主体？那些将问题重塑为不再存在威胁，因此便将其由安全化领域转变至普通公共领域的范畴。

＊那么，安全化的过程是如何完成的呢？这将问题聚焦到安全化主体如何使用"安全语言"（言语行为）使一个特定受众群体确信威胁存在的自然状态。当相关受众确信指涉对象存在威胁时，安全化的行为就完成了。

安全化模型的局限性

虽然安全化理论提供了一个理解安全术语如何以及能够框定议题的系统框架，我们还是发现了这个模型的四个不足之处。首先，哥本哈根学派告诉我们，是谁把议题安全化和安全化过程是怎么产生的，但并没有强调安全化过程为何会发生。作为回应，我们确认了促使安全化行为主体用安全术语阐释一个事件的动机。于是，重要的是要回答一个简单的问题：为什么一个议题会被安全化？每一个安全化的行动都会涉及一个政治上的决定，一系列的目的和动机可以解释一个安全化行为。安全化将紧迫性注入一个议题，并引起政治支持上的动员和实施。另一方面，去安全化可能因牵连安全化的风险而有所收益。政治和军事的上层集团可以利用安全化行为来减少公民的自由，限制某国国内政治机构的影响或者是增加军费预算。举例来说，安全化可能会加强军事力量在政治上的合法性，而削弱新生的民主国家的文职官员的权威。不过，通过使某一议题去安全化，则可以避免这类严重的风险。

本书中所强调的第二个不足是安全化理论在经验研究上的不足。哥本哈根学派的学者们把注意力集中在发展一种对安全研究更广泛意义上的理论路径，而不是把过多的精力放在经验主义的研究上。从而产生的后果是对安全化与去安全化的动因在经验上理解得不够成熟。我们认为，安全化模型应该由更多的以经验为依据的研究来充实，同时应该通过对研究所得调研结果的考量来修正。例如，哥本哈根学派对于安全化与去安全化的指标就没有给出明确的说明。虽然其对于安全和议题的解释包含有一个完整的"言语行为"机制，但是我们如何知道一个议题什么时候被安全化了？在强调这个问题的同时，我们指出，一些指标是可以被认知的。本书的贡献就在于寻找并发展安全化与去安全化的指标，同时去确定一个可以超越"言语行为"的机制。

第三个局限性是哥本哈根学派过于倾向欧洲中心论。它关于安全化的理念基本上是基于欧洲的历史和文化的。与之相对比的是，本书将安全化的模型应用到了亚洲的大背景下，并由此从概念和实践上检验了安全化与去安全化是如何运作的。为达到此目的，本书的作者将安全化的概念框架应用到亚洲不同区域（南亚、东南亚和东亚）的各种案例研究中。

最后，哥本哈根学派没有特别关注对安全化和去安全化政策的有效性评估。同时，他们对于安全化过程的意外结果也没有给予足够的重视。相反，本书从经验研究上对安全化与去安全化政策更有效地处理非传统安全问题的程度给予了高度的重视。换言之，我们尝试着将安全化和去安全化向政策分析和建议上靠拢。对于该过程更成熟的理解有助于那些实践者制定出更为有效的应对非传统安全挑战的策略。不过，我们的实证研究同时也指出，对议题安全化并不一定能够对解决该问题有所贡献。相反，去安全化相对来讲会是更有效的路径。

安全化模式的完善：应用与操作化

为了分析亚洲正在增长的一系列非传统安全的挑战，我们创建了一套调查安全化和去安全化行为的方法。[1] 我们从哥本哈根学派和

---

〔1〕　修正的框架由福特基金会关于亚洲非传统安全项目（IDSS）主任阿米塔夫·阿查亚（Amitav Acharya）编制。

它的安全化模型出发，完善后的框架包含对多个案例的实证分析。它涉及"为什么"和"怎么样"安全化和去安全化之类的问题，并还要确定促成这一类过程的催化剂和动机。由于我们的目标之一是要从哥本哈根学派的欧洲中心说转换出来，并要检验其在亚洲范围内的应用，所以开始了这项聚焦于亚洲安全问题的性质的项目，并通过强调出现的安全问题来检验那些发展中国家所面临的问题。因此，我们采用下述步骤修订了安全化理论的模型。

1. 议题领域

除了确定什么是存在的威胁以外，我们也要考察对于威胁的性质，是否在对诸如政府和市民社会阶层等多种行为主体之间存在一致性看法。通过这样的探索，我们发现了安全化进程的动力，并突出了安全化行为主体在使某一特定受众接受确认指涉对象存在威胁时所遇到的问题。

2. 安全化的主体

我们确认了谁是安全化的主体和它代表谁的利益：政府（某个部门）、市民社会、社区或者是国际机构。这就要强调下面的问题：在安全化行为中，国家是主体吗？社会的其他部门呢？那些被边缘化的人的声音是否也在安全化的行为中表达出来了呢？将议题安全化的动机又是什么？

3. 安全概念（谁的安全）

国家通常通过提出国家安全的概念来将问题安全化；非政府组织通过提出人的安全的概念将议题安全化；而国际机构则通过提出与国家安全相对的国际与全球安全概念而使议题安全化。取决于提出的安全概念，安全的指涉对象可以是国家、个体、种族群体、妇女、社区、跨国公司或者是国际社会。被强调的相关问题包括：这些行为主体之间是如何互动与合作的？在他们之间是否存在竞争？

4. 过程

言语行为的运用对安全化的行为十分重要。国际和非政府行为体的言语行为也许和国内上层集团的影响一样重要。我们考查了威胁认同上的政治,并提出是言语行为制造了威胁抑或是相反的过程这一问题。我们也探索了是否有"转移"的情况,例如通过联系一种重要的被确认的威胁来定义一个新威胁。在这种考虑下,我们提出了相关的诸如下述的问题:关注言语行为足够吗? 我们是否应当关注包括像说服之类的其他方式?

5. 结果Ⅰ:安全化的程度

我们通过观察一些可能的指标分析了安全化是否出现以及在何种程度上展现,这包括了资源的分配趋势、军事的介入合法性和制度化。在这里,我们也讨论了安全化的可能的阻力。相关问题例如:哪个是评估安全化行为成功与否的时间段? 如何才能知道安全化成功、失败和不确定的结果(意外的结果)或是一个复杂混合的结果?

6. 结果Ⅱ:威胁的影响

我们也在探寻安全化对于应对存在威胁问题的影响。提升或降低存在威胁的级别应当把诸如传染病的传播范围或者是跨国犯罪形式的数据考虑进去。我们在寻求提供既定性又定量(如果可能的话)的评估。一些相关问题是:什么是衡量减少威胁程度成功与否的时间段? 如何提供一个理解关于成功、失败和不确定的结果(未预料到的结果)或是一个复杂混合的结果的标准?

7. 影响安全化的条件

我们预计了会影响安全化与去安全化的诸因素。它们是:

　　＊ 不同安全概念的相互作用。这需要涉及检验国家安全、综合安全和人的安全,以及它们与安全化和去安全化过程的相关联系。

　　＊ 安全议题间的联系。这需要分析安全化行为主体如何可能将尚未被认知的安全威胁与已经被认作安全威胁的议题联系起来。

　　＊ 有影响力的行为主体的角色。这个重要的因素强调突出

了国家和非国家因素在促进或阻碍非传统安全成因上所扮演的角色。来自权威性主体的压力（国内的或国际的）是否会引领安全化行为是我们所考查的重点。

＊国内政治系统。国内政治在对非传统安全威胁安全化和区分政治系统在影响安全化成功与失败的过程中所扮演的角色是我们的另一重要关注点。在此有一个相关的问题，那就是：安全化是否在传统上由军事左右国内政治的集权国家里更易成功？

＊国际规范。这里探究的是国际规范对提升更广泛安全威胁概念的影响。一个重要的问题是，新国际规范的力量是否可以引领早先被安全领域忽略的安全化问题。这个规范包括了人权保护、人的安全和人道主义干预的思想。同时，这些也促使了非政府组织和国际机构将贫困、经济欠发达和其他问题囊括到安全化中去。

主题和案例研究

本书的结构安排是围绕一系列被归入非传统安全范畴的题目与案例的研究而进行组织的，它们包括非法移民、卫生和传染病、跨国犯罪、贫困和环境问题。这些章节囊括了三个亚洲次区域（东南亚、东北亚和南亚）已经和正在发生的安全化和去安全化行动。这些案例研究涵盖了概念框架所包括的领域和关注点。他们确定了安全化与去安全化的行为主体、指涉对象和相关受众，同时也涉及安全化和去安全化过程背后所呈现出的动机。作者们也指出了实际应用中的安全概念的本质属性。此外，安全化过程和其对存在威胁的影响也进行了仔细的检验。最后，各章节也提供了评估安全化与去安全化政策对于处理某些议题的有效性的方法。这些内容将在下文作简要陈述。

本书第一章主要分析了传染病的问题。在这一章中，彼得·乔克

(Peter Chalk)考查了亚太地区新兴疾病的重大影响。他解释说,诸如像肺结核、疟疾、痢疾、霍乱和伤寒等疾病在该地区非常普遍。另外,包括艾滋病和非典型肺炎等在内的高度致病机体已侵袭了这一地区。这些疾病传播的后果已经十分严重,它造成了重大的人员伤亡,破坏了社会经济的平衡,减弱了政权的合法性,并对国内安全与国家间关系产生了负面的影响。乔克评论说,除了这些,亦有一些进展。安全化的地区性进程有效地发现了微生物威胁的一个侧面——它们常常被用作进攻性武器或成为恐怖分子的工具。他写道,多数亚太国家"仍把疾病——大范围的——看作未超出国家和国际安全结构的公共健康问题"。他认为,出现这种情形的原因反映了亚洲国家不干涉主权的规范原则与现存及新兴的生物制剂缺乏一种紧密联系,反映了与后"9·11"时代抢占先机的偶然事件、在很多国家的安全建设上继承的保守主义,以及受小范围关注的大多数公共健康社区的特征。他总结道:"我们仍需观察疾病是否会成功地在亚太地区被安全化。"

　　乔克对于"传染病安全化的失败"的分析之后是伊拉维尼尔·拉米亚(Ilavenil Ramiah)关于亚洲艾滋病传染所产生的安全威胁的研究。本章提供了全面的数据及对这一地区日益逼近的艾滋病危机程度的分析,并突出了在强调这一健康关注问题时产生的距离和鸿沟。拉米亚指出,当疾病在富裕的发达国家得到有效控制的时候,在亚洲却不顾大批安全化主体将艾滋病安全化的运动而没有给予足够的重视。作者进一步确定提升艾滋病的安全化的策略,例如劝说、谈判以及提练出成功安全化的指标。拉米亚强调,关键的一步"是必须在国家政府(启动行为体)和广大人民之间建立沟通"。作者也指出了有助于艾滋病安全化的关键行为体,它们也被动员起来执行该地区防治艾滋病传播的政策。拉米亚指出:"亚洲发展出应对艾滋病病毒的完善策略的速度对于防范未来几十年该地区潜在的疫病传播的危险是十分重要的。"

　　本书第三章重点关注了非法移民现象。在这一章中,普里扬卡·

乌帕德亚雅(Priyankar Upadhyaya)用安全化框架分析了孟加拉国到印度的非法移民的困境。这些案例研究理顺了以南亚为背景的安全化模型下的非法移民现象，同时还检验了一系列促使印度将此问题列入国家安全范围的政治动机和"催化剂"。它显示了安全化如何及在何种程度上发挥效用，或者显示了在管理从孟加拉国到印度的跨国移民问题上发挥的效用。乌帕德亚雅也探索了因采用安全化解决策略而可能致使非法移民问题重回正常政治的范畴。作者认为"非法移民问题本身并不是安全化问题"，而是由"贫困所驱使的跨境追求体面生活而产生的人类问题"。在采取安全化措施用于短期政治利益的后殖民时代的亚洲，标示出去安全化过程的精确途径是十分有用的。本章总结出的结论是，去安全化应当被视为一个长期的政治目标——一个在哥本哈根学派的文献中并未被很好描述的方法和路径。

本书的第四章重点聚焦在贫困及环境问题上。鲍伯·哈迪威纳达(Bob Hadiwinata)讨论了印尼在 1997 年亚洲金融危机最困难的时刻欲将贫困安全化的尝试。作为对国家在危机及其后果中已经失去对弱势群体利益的保护的回应，非政府组织提出了一些有创意的办法以应对紧急情况，很好地超越了政府的政策。作者指出，将贫困安全化"使得非政府组织可以被宣称作为一个合法的安全机构来为那些处于社会底层和被忽视的人群提供人道的安全"。这里举两个印尼的非政府组织的例子。哈迪威纳达突显了将贫困安全化是如何给哥本哈根学派以挑战的。当后者指出非传统安全问题早就存在于一国的领土上时，印尼的经验表明，非政府组织有能力为自力更生和自我保护行为提供解决办法。哈迪威纳达因此呼吁："可以定义一个超越公共政策或政府决策的紧急行动来提出一个安全化的新概念，以达到为非国家行为主体转变为合法安全机构开拓空间的目的。"

约瑟夫·庆永·廖(Joseph Chinyong Liow)评估了第五章中所谈到的马来西亚政府运用安全化理论所提供的框架来应对国内印度尼西亚非法移民的问题。本章将这个问题分为三个部分：首先讨论了安全化理论中最重要的一个方面,因为其涉及对于非法移民问题的研究;紧接着,述及了在马来西亚的印尼籍移民工人问题的大体情况,着重关注问题的现象和安全化;最后,"评估了在运用安全化理论解释马来西亚政府试图处理印尼非法劳工安全问题上的过程、逻辑和结果中所涉及的相关问题和不足"。廖庆永指出,马来西亚政府将印尼非法劳工安全化背后的国内背景及环境说明了政治的考量已决定了安全化行为的过程和结果。他写道:"不但'没有'出离政治的过程,正相反,印度尼西亚非法移民的问题始终牢固地确立在马来西亚的正式(与'极端突发事件'相对)官方政治范畴之中。"反过来,他强调,这对于一直致力于区分作为"安全化理论与政治的其中一个精神侧面的"政治与安全的哥本哈根学派而言,是一个重要的结果。

　　通过提供一个更加系统的方法来检验非传统安全挑战如何被安全化和/或去安全化,我们希望本书可以为在国际上被诸多不同国家及组织定义的安全的本质贡献一些更为深广的理解。并且在关注了亚洲这一地区各个国家对所面临的广泛的安全挑战所做的各种分析之后,本书给未来的研究、政策和行动提供了一份立意高远的研究议程。

参考文献

Alagappa, M. (1998), *Asian Security Practices: Material and Ideational Influences*. Stanford: Stanford University Press.

Buzan, B., Wæver, O. and de Wilde, J. (1998), *Security: A New Framework for Analysis*, Lynne Rienner, Boulder, CO.

Caple, D. and Evans, P. (2002), *The Asia-Pacific Security Lexicon*. Singapore: Institute of Southeast Asian Studies.

United Nations (2003), *Human Security Now: Protecting and Empowering People*. New York: Commission on Human Security.

Wæver, O. (1995), "Securitization and Desecuritization", in R. D. Lipschutz (ed.), *On Security*. New York: Columbia University Press, pp. 46-86.

第一章 亚太地区的疾病与复杂的"安全化"过程

彼得·乔克

Peter Chalk

引 言

环境恶化是非传统安全领域常被人提及的问题,并且正日益影响亚太地区的完整性。但是新疾病和反复爆发的疾病的广泛传播正逐渐吸引更多的注意力。20 世纪 90 年代末期,在香港爆发的广为人知的流行性感冒和 21 世纪初横扫中国、中国台湾地区与新加坡的非典型肺炎(SARS)更加促使人们对疾病跨地区传播的关注。上述疾病传播的例子生动体现了致病体跨越国界传播是如此"轻松",冲击了过去的区域、国家和国际稳定理念。虽然医学在飞速发展,但亚太地区(和世界其他许多地区一样)对这些疾病仍然没有绝对免疫能力;恰恰相反,在当代的特定环境下,很多疾病更加有机可乘。

本章将从后冷战时代变化的地缘政治版图谈起,并且简略地讨论安全化这一概念的变迁和它与一般非传统安全评估的对应关系。接着,本章将阐述影响传染病在亚洲大规模传播的几个主要因素,同时还将重点突出致病体的本质特征和它们对个人、社区、国家和地区安全格局的影响程度。最后将分析亚太地区疾病的安全化措施的进程,并结合该地区对疾病威胁的整体管理来考量其安全化的效果。

后冷战时代安全性质的变化

20 世纪 80 年代末至 90 年代初,苏联解体似乎预示着一个前所未有的和平稳定的时代即将到来。无论是政客、外交官还是学者们,都纷纷开始预言新世界秩序即将诞生,而且新的世界秩序将是一个更大程度上建立在民主体制和自由市场经济上的一个整合的国际体系。[1] 新体系一旦出现,国际稳定和安全所面临的威胁因素也将相应减少。

然而,著名的"灰色地带现象"(Gray Area Phenomena)理论又提出其他多方面的新挑战,人们对这些多方面的挑战逐渐有了越来越多的认识,最初冷战结束带来的狂喜也逐渐冷却。[2] 在当前新的国际政治环境下,具体而言,谁是敌人,应该采取什么措施,已经无法一目了然,这种可变性加剧了人们最初狂喜情绪的消退。新的世界秩序中,不稳定因素越来越来源不明,而种种暴力在很大程度上都是所谓的"弱者"实施的——他们采取暴力的目的不是表达自己的身份而是为了创造一种新身份。[3] 所以,只有当全世界的危险因素的增长总和降到传统战争威胁之下,国家间的冲突才可能有所减少。[4]

更直白地说,当前国际体系中的地缘政治版图,缺少了冷战时期世界东西方简单的线性两极分化所具有的相对稳定性。世界上再没

---

〔1〕 关于建议修改部分的详细调查来自:The International Monetary Fund(1991),*The World Economic Outlook*,IMF,Washington D. C., pp. 26-27.

〔2〕 "灰色地带理论"参见 Chalk,P. (2000),*Non-Military Security and Global Order*,*The Impact of Violence*,*Chaos and Disorder on International Security*. Macmillan,London,Chapter One; Holden-Rhodes,J. and Lupsha,P. (1993),"Gray Area Phenomena: New Threats and Policy Dilemmas",*Criminal Justice International*,9/1:11-17; Holden-Rhodes,J. and Lupsha,P. (1993),"Horsemen of the Apocalypse: Gray Area Phenomena and the New World Disorder",*Low Intensity Conflict and Law Enforcement*, 2/2:212-226.

〔3〕 "Terrorism and the Warfare of the Weak",*The Guardian*,27 October 1993.

〔4〕 Latter, R. (1991),"Terrorism in the 1990s",*Wilton Park Papers*,44,p. 2.

有像苏联那样可以和美国相抗衡的国家——美国成为世界唯一的超级大国。相比较而言,新的世界格局无法像冷战时代那样简单地一分为二,这就导致冲突和安全的界定变得模糊不清。[1] 在评论当下国际战略环境时,美国前中央情报局(CIA)局长詹姆斯·沃尔赛(James Woolsey)这样说:"我们刚刚打死一条巨大的恶龙,但却发现我们正身处于无数条毒蛇的包围中。相对而言,恶龙的行迹更容易追踪。"[2]

国际社会所面临的种种威胁,无论是贩毒、传染病传播、环境的恶化,还是恐怖主义,它们有一个共通的特点——"跨国界"。然而,这些威胁虽然穿越国界,但和其他国家的外交政策和举措又没有直接关系。[3] 诚然,当下世界各国所面临的威胁几乎都不是来自某一个特定国家的直接军事侵略。相反,这些威胁往往是"没有外在敌人的威胁",因为威胁的诱因是国家内部的,而不是传统意义上由于国家利益争端引发的一国对另一国政治秩序的外在威胁。[4]

狭隘的实证政治学的基本假设前提影响了国际政治很多年,现在要彻底弄清上述国际种种新的威胁带来的变化,则需要一种整体的而非简单线性的安全理念。传统的国家安全和稳定观念单纯强调国家领土主权完整,这点在冷战时期国际上大规模的相互遏制政策中体现得淋漓尽致。但是这种简单的安全理念已经不能适用于当下日益复杂的国际地缘战略环境。当前的安全问题虽然根植在某一国国境以内,但是其实质影响会超越国界,蔓延至全球,进而威胁到全世界的安

〔1〕 Abshire,D. (1996),"US Foreign Policy in the Post Cold War Era: The Need for an Agile Strategy",*The Washington Quarterly*,19/2: 42-44;Dalby, S. (1995)"Security,Intelligence,the National Interest and the Global Environment",*Intelligence and National Security*,10/4: 186.

〔2〕 James Woolsey,quoted in Ciccarelli, J. (1996), "Preface: Instruments of Darkness: Crime and Australian National Security",in J. Ciccarelli(ed.), *Transnational Crime: A New Security Threat?* Australian Defence Studies Centre,Canberra,pp. xi.

〔3〕 Matthew,R. and Shambaugh,G. (1998),"Sex,Drugs and Heavy Metal",*Security Dialogue*,29/2: 163.

〔4〕 Abshire,D. ,"US Foreign Policy in the Post Cold War Era",1996: 42-44;Dalby, S. ,"Security,Intelligence,the National Interest and the Global Environment",1995: 186.

全。所以,很显然,传统的那些以某敌对国为中心来制定安全策略的范式,并不能解决新世界格局下的新挑战。[1]

哥本哈根学派和"安全化"理论

"安全化"概念很大程度上发端于哥本哈根学派(the Copenhagen School),并且仍处在不断发展和完善中。这一概念为正确理解当下国际局势的进展提供了一个更加合理的理论框架,意义重大。根据此理论方法,现代安全可分为如下五个层面:政治安全、经济安全、环境安全、社会安全和军事安全。当某一类问题涉及以上安全领域的一个或多个层面,对某国民众的生存产生了威胁时,这个安全问题就会引起国际社会的一致关注。另外,因为安全并非一个预设的排他型的国家层面的术语,所以"安全化"理论是一个兼容传统安全和非传统安全,且所指范围更广,也更具包容性的考量(评估)工具。[2]

"安全化"理论充实了将某一威胁被安全化过程的分析,丰富了哥本哈根学派提出的安全范式。首先,安全化的概念基于这样的假设前提:安全与以下几个不同层次的分析对象都有密切联系——国际社会、单个国家、各个不同族群和村落,最终再到个人。通过人们的言语行为这一主要媒介可以获知这些主体面临的具体威胁,这一过程可能会给相关领导阶层带来政治上的获益(例如借打击恐怖主义的名号打压国内合法的反对声音)。其次,安全化本身也会受到很多不确定因

〔1〕 Chalk,P. ,*Non-Military Security and Global Order*,2000,p. 2. ; Dalby,S. ,"Security,Intelligence, the National Interest and the Global Environment",1995, p. 186;Dupont,A. (1996),"Regional Security Concerns into the 21st Century",in J. Ciccarelli(ed.), *Transnational Crime*:*A New Security Threat?* Australian Defence Studies Centre,Canberra,pp. 72-73.

〔2〕 Buzan,B. ,Wæver,O. and de Wilde,J. (1998),*Security*:*A New Framework for Analysis.* Lynne Rienner,Boulder,CO. ; Wæver,O. (1995),"Securitization and Desecuritization", in R. Lipschutz(ed.),*On Security.* New York:Columbia University Press, pp. 46-86.

素的影响,特别是安全问题所在领域的内在特点以及由此带来的相应挑战(有暂时的、长期的、复杂的、简单的、严重的,还可能是滞后的)。此外,权力的分化(国内和国际),不同国家政治体制的不同特性,还有各区域和国际间种种制度规范都会影响安全化进程。另外,安全化主体对安全化效果的评判褒贬不一,它们的态度既可能相互抵触,也可能相互接受,既可能是临时采纳,也可能会将安全化机制彻底制度化。安全化主体的不同态度又会相应地影响安全政策的制定。[1]

"安全化"模式和传统安全理念的不同主要体现在三个方面:首先,安全化过程中所要分析的客体不是某个预设的国家,而且安全化的主要目标也不仅仅强调维护国家领土主权完整,还强调维护社会公共秩序的稳定和民众个体的生存质量(当然,这多重目标相互间也并非完全独立)。第二,传统安全理念强调国家之间有组织有预谋的军事暴力,认为这些军事暴力才是对国际和各国社会秩序的主要威胁。与此不同的是,当下的"安全化"理论重点着眼于事先无组织无预谋的骚乱,认为这类骚乱已经成为影响全球和各国稳定的主要因素。而且任何不利的社会、经济、政治和环境等因素都可能造成这样的骚乱。最后,传统安全理念认为国家之间是互为竞争者的关系,国家之间相互竞争的结果是零和的。但新型安全化理论认为个人或国家之间合作的结果是开放的,这些合作可能会让所有人都有所收益(绝对收益)。

表1-1从几个不同层面对传统安全理念和较之相对丰富且更具包容性的安全化理论进行了探索性比较。

---

〔1〕 Acharya,A.(2003),"Securitization Theory:A Framework for Analysis",paper presented before the Institute of Defense and Strategic Studies(IDSS)Workshop on Non-Traditional Security in Asia,Singapore,9-10 September.

表 1-1 传统安全和安全化:比较层面

	传统安全	安全化
主体	国家	国际社会,聚居族群,个人
主要安全目标	国家稳定和领土完整	全球,国家和民间社会稳定
主要安全威胁	有组织有预谋的暴力	无序随机的骚乱
国家间互动模式	竞争,零和	合作,共赢

资料来源:Peter Chalk,"Disease and the Complex Processes of Securitization in the Asia-Pacific",in Mely Caballero-Anthony,*et al.* (eds.),*Non-Traditional Security in Asia: Dilemmas in Securitization.* Hampshire:Ashgate Publishing Limited,2006,p. 116.

尽管存在种种差异,传统安全和安全化理论也有一个显著共同点:两者都力求使当事安全主体对危险的抵御能力越来越强。所以,虽然传统安全理念和安全化理论在具体表述威胁的来源及其本质时有所差别,但两者都强调采取积极措施以尽量防止威胁导致的不良影响。[1]

疾病和安全化

在当下日益变化的环境下,疾病的跨国传播已成为一个严重问题,应当引起高度关注。虽然病毒和细菌与人类生命一样古老,而且现代科学也取得了长足发展,但就其本质和严重性而言,这些具有传染性的致病微生物带来的威胁比以往任何时候都大。一些以前闻所未闻的致命疾病相继爆发,例如获得性免疫缺陷综合症(AIDS)、伊波拉(Ebola)、变种亚急性海绵状脑病(Creutzfeldt Jakob)和近几年刚刚出现的非典型肺炎(SARS)等。除此之外,一些发生过的但被认为近

[1] Tow,W. (2000),"Linkages Between Traditional and Human Security", in W. Tow,R. Thakur and I. T. Hyun(eds.),*Asia's Emerging Regional Order:Reconciling Traditional and Human Security.* Tokyo:United Nations Press, p. 2.

几十年都不会再反弹的传染病也重新爆发了，而且很多病菌都带有很强的抗药性。

传染病跨国传播已经上升为安全层面的挑战。得出这一论断的原因很简单：疾病跨国传播已经对国际秩序和国家稳定构成严重威胁，同时还影响个人在更广阔的环境中获得高质量的生活。

日益增多的致病体不但直接威胁人类的健康和生活质量，如果放任其传播，它们还会进一步带来以下几方面的危害：（1）打击民众对政府应对能力的信心；（2）阻碍经济发展；（3）破坏一个政体赖以维系的社会基础构架；（4）助长区域间的紧张气氛和不信任；（5）长此以往，将滋生生物恐怖主义（BT）和生物战争（BW），从而严重破坏现有的区域、国际秩序稳定。

亚太地区的疾病传播状况

亚太地区和世界许多地区一样受到新型疾病和反复爆发传染病的严重影响。困扰亚太地区的传染病，如结核病、疟疾、痢疾、霍乱和伤寒都由来已久；除此之外，亚太地区也受到一些破坏性极强的新型致病体的侵袭，其中包括艾滋病病毒和非典型肺炎。

这些疾病爆发和其后续得以大范围传播的根本原因很复杂，而且涉及面很广。但可以确定的是，与如下几个因素密不可分：全球化、现代医疗措施、飞速加快的城市化进程、环境恶化，还有社会和人类行为方式的改变。下面将逐一讨论这几种"疾病危害催化剂"。

全球化

当今世界各国相互依赖的程度已达到人类有史以来的新高。据估计，每年乘商务航班往返世界各国的人已经超过 5 亿人次——地球上已经不存在无法到达的角落。[1] 这一趋势众所周知,显然没必要用具体的数据加以佐证,但是日益增多的传染病爆发和大规模传播所造成的巨大影响则需要进一步阐明。

首先,在商业领域,全球范围内的牲畜运输越来越频繁,这让越来越多的人接触到别国的动物疾病,而这些疾病随即跨越物种界限传染给了人类。亚太地区地处东西方交汇处,而且独占全球农产品贸易市场近20%的份额,所以亚太地区类似疾病泛滥,受牲畜运输影响尤甚。[2]

1997 年中国南部爆发了大规模 H5N1 型流感病毒(也称禽流感)。中国这次发生禽流感的直接原因就是运售了源于香港的受污染家禽。[3] 另外,1998 年在马来西亚和新加坡爆发的尼帕病毒(Nipah Virus)具有同样的启示性。尼帕病毒夺走了 117 人的生命,其病源为来自马来西亚森美兰省(Negri Sembilan)的生猪加工业。[4]

另外,更直接的一点就是,发达的现代空中交通助长了全球范围内人与人之间疾病的交互传染。无论是已经感染疾病还是体内潜伏某种疾病的旅客都能迅速地将一种地方性致病体从其始发地迅速带入该疾病尚未蔓延到的地方。2003 年非典型肺炎通过新加坡、河内、台湾、北京、上海和广东等地主要机场迅速蔓延就是典型的例子。到了 2003 年末,乘飞机从这几个主要城市来的旅客都要接受严格的体

〔1〕 Yach,D. (1998),"The Globalization of Public Health I: Threats and Opportunities",*American Journal of Public Health*,88/5：737.

〔2〕 Lederberg,J. (2000),*Summary and Assessment*,Emerging Infectious Diseases from the Global to the Local Perspective: Workshop Summary,the National Academy of Sciences. Available at <http://www. nap/edu/openbook/0309071844html/64. html>.

〔3〕 Kwok,H. M. (2000),*Emerging Infectious Diseases in Hong Kong and their Public Health Significance*,Emerging Infectious Diseases from the Global to the Local Perspective: Workshop Summary, the National Academy of Sciences. Available at < http://www. nap/edu/openbook/0309071844html/64. html>.

〔4〕 Lam,S. K. (2000),*International Smart Partnership in Emerging Diseases: Sense and Sensibility*,Emerging Infectious Diseases from the Global to the Local Perspective: Workshop Summary,the National Academy of Sciences. Available at <http://www. nap/edu/openbook/0309071844html/64. html>;"Malay Troops Slaughter Pigs in War on Virus",*CNN News*,20 March 1999;"Pig Borne Epidemic Kills 117",*The Sydney Morning Herald*,10 March 1999.

检和询查。世界卫生组织(WHO)还特别在始于或途经这几个枢纽城市的飞行航线图上标示出疾病发生标志。[1] 劳里·加勒特(Laurie Garrett)说:

> 在当今这个飞机旅行时代,一个人身上潜伏着某种疾病……可以登上飞机,飞行 12000 英里,顺利通过海关和移民检查局,再搭乘某国内的交通工具到达远方的目的地,即便如此,再过好几天,他身上仍然看不到丝毫症状,而在他引起关注时他已经传染很多人。[2]

现代医疗措施

虽然现代医疗科学手段有助于削弱某些传染病带来的影响,但是抗生素在人体和供人消费的农产品上滥用和误用,长此以往无疑有助于"致病体的自然选择",进而导致出现了多种适应性和抗药性更强的疾病。有着"超强"基因致病体的疾病成批出现,这些致病体随时能抵御好几种不同种系的抗生素(或能抵抗很多种单独的药品),另外有些疾病传染性更强、危险性也更大。[3] 20 世纪 90 年代末期,在日本和香港爆发的一种名为金葡菌(Staphylococcus Aurea)的衍生细菌菌种是这方面的典型例子。这种细菌以前不为人知但生命力极强,它竟然能抵御万古霉素(vancomyin),而万古霉素素有"银子弹"之称,是治疗感染最强效的抗生素。有关方面认为,这种强力细菌菌种的出现,部分原因是因为在治疗一些依靠人体自然抵抗力就能痊愈的日常疾病

---

[1] "WHO Issues Advice on Air Travel", *The Age*, Australia, 29 March 2003.
[2] Garrett, L. (1996), "The Return of Infectious Diseases", *Foreign Affairs*, 75/1∶69.
[3] *Ibid.*, p. 67. 这些致病体能抵抗肥皂和漂白剂,而且与 20 世纪 50 年代相比,它们能抵御更高的温度和更大剂量的青霉素。

时滥用了抗生素。[1]

更为不幸的是,现在一些常见的但足以致死的疾病的致病体也逐渐能抵御多种抗生素,而且它们的危险性还越来越大。一些很顽固的疾病比如霍乱、肺炎、利什曼虫病、疟疾、痢疾和伤寒等在整个亚太地区都出现过。其中,在泰国出现的疟疾抗药率最高达 45%。[2] 此外,流行性感冒尤其具有很强的基因变异能力。术语叫做"抗原性漂移"的基因突变每年都会发生,这让人体很难产生有效而全面的防御机制(因为对某种特定病毒有效的抗体对其他种系或子系的病毒则束手无策)。[3] 疾病防控中心(Centers of Disease Control)担心东南亚大陆爆发的禽流感正在重复以上变异过程。这很可能产生一种毒性极强且可传染人类的变异病毒,这种变体病毒的破坏性堪比 1918 年夺走0.2 亿~1 亿人生命的西班牙流感。[4]

除了滥用和误用抗生素,现代医学和治疗措施在其他方面也使得人类更易受病毒和细菌侵袭。手术治疗会让人们受到医源性感染,包括像上文提到的金葡菌菌种。这种情形在欠发达地区尤为突出,因为

　〔1〕 Smith, T. L. , Pearson, M. L. and Wilcox, K. R. *et al.* (1999), "Emergence of Vancomycin Resistance in *Staphylococcus aureus*", *New England Journal of Medicine*, 340 : 493-501; "Antibiotic Resistant Germ Kills Woman, Hong Kong Officials Say", *CNN News*, 22 February 1999.

　〔2〕 National Intelligence Council(2000), *The Global Infectious Disease Threat and Its Implications for the United States*, National Intelligence Estimate 99-17D, January, p. 23; Lederberg, J. , *Summary and Assessment*, 2000; and the World Health Organization, *Report on Infectious Diseases : Recovering Obstacles to Healthy Development.* Available at <http://www. who. org/infectious-disease-report/pages/textonly. html>. 印度一些地方,60%以上的病例都不对药物反应。

　〔3〕 The National Intelligence Council, *The Global Infectious Disease Threat and Its Implications for the United States*, 2000, p. 23; Thomson American Healthcare Consultants (2000), *Guidelines for Prevention and Control of Pandemic Influenza in Healthcare Institutions*, March 23. Available at <http://www. ahcpub. com/ahc_root_html/breakingnews/flu03232000. html>. 抗原性转变是一种更剧烈的遗传变化,很可能更为严重,因为它可以让世界人口中的很大比例没有任何有效的保护性免疫。

　〔4〕 "The Menace from Avian Flu", *The New York Times*, 12 October 2004; "A War and a Mystery: Confronting Avian Flu", *The New York Times*, 12 October 2004. 世界卫生组织估计要保守一些,但是仍然达到 2 万至 700 万死亡人数。

在那儿只有病情最严重即最脆弱的人才会住院治疗。用被污染的血制造的凝结剂和诸如丙种球蛋白这样的抗体原浆蛋白也会类似地使病人感染上致人身体虚弱的艾滋病和丙型肝炎之类的疾病。

飞速加快的城市化进程

1950年，大约有18％的发展中国家居民居住在城市，到2000年时这一数字激增至40％。据预测，到2030年则会增长至56％。届时，某些发展中国家的大型城市人口将超过1000万。据联合国提供的数据显示，目前有24个所谓的"超级城市"人口已经超出了1000万，其中包括雅加达、加尔各答、拉各斯、卡拉奇和墨西哥城。[1]

发展中国家中从农村向城市的高移民率的原因复杂而多样，主要包括以下几种因素，如干旱、洪水等自然灾害，农业劳动力过剩，内战带来的社会经济动乱，就业机会稀少和农村地区的匪灾等。为了逃离这些窘迫的环境，成千上万一无所有的工人涌向欠发达地区的广阔城市郊区，并在这些郊区到处建起肮脏破旧的小棚屋。这些移民工人在增加了城市人口的同时，也使原本就贫乏的水、卫生、医药、食品和住房等基础生活资料变得更为紧张。这些不断膨胀的大型枢纽城市被认为是传染病致病体滋生和传播的温床。[2] 一项调查研究显示，仅由于缺乏干净的水和合格的卫生保健措施而患病的死亡人数估计就占全球疾病致死死亡总人数的7％。[3]

不可持续的城市扩张会带来疾病传播这类负面影响，而亚洲受此影响特别严重。该地区现在的城市人口估计有11亿。据预测，到2050年会达到38亿，届时亚太地区大概将拥有全球一半的人口，这其

[1] 数据来自于联合国人口部门2000年预计。"Around Globe,Cities Have Growing Pains",*The Washington Post*,11 June 2001.

[2] Armelagos,G.(1998),"The Viral Superhighway",*The Sciences*,38/1：28;Garrett,L.,"The Return of Infectious Disease",1996,p.71.

[3] "Polluted Environment Causing Worldwide Illness and Deaths",*The Manila Times*,24 May 1998.

中大部分人会"挤"在像北京、加尔各答、雅加达和天津这样的巨型城市中。[1]但是许多这样的城市缺乏建设道路、污水管道、住房和卫生系统等基础设施所需要的资金，而且这些基础设施对保障生产能力和最基本的生活水平是不可或缺的。根据亚洲发展银行的研究，目前世界上污染最严重的15个城市中有13个在亚太地区，其中一些城市的河流含有粪便污染物的水平是全球平均水平的三到四倍。[2]这些城市的发展必然会导致传染病横行的恶果，伤寒、疟疾、骨痛热、痢疾和霍乱的大规模爆发也就不足为奇了。

不可持续的城市化进程还会在其他方面助长传染病的传播。人类快速侵入新的生物领地，扰乱了以前从未接触到的新生命形态，同时这也让人们接触到新的致病源和污染物，而人类对它们几乎没有任何抵抗力。[3]除此之外，发展中国家快速膨胀的城市还会把海洋变成致病微生物繁殖的温床，这种情况在亚洲同样很突出。流行病学家反复指出，吸收了来自近海大都市的污水、肥料、工业和人体污染物的海藻花附带有病毒，因为这些入海的近海肥料本身就带有无数病毒和细菌。和入海的秽物混杂在一起，这些病菌会发生无数次变异，成为能抵御抗生素的新型剧毒菌种，然后随着船舶舰艇等迅速扩散。[4]

环境因素

过去的一个世纪，人类对全球生态系统造成了严重而复杂的影响，其中较典型的就是造成了地表平均气温的升高。2001年联合国气候变化跨国专门研究小组的两项研究推测：下个世纪地球表面气温将

---

〔1〕 数据来源于亚洲发展银行（ADB）。"Rise of the Megacity", *The Australian*, 21 April 1997; "Chinese City Portrays Good and Bad of Rapid Growth", *The Bangkok Rost*, 12 October 1997.

〔2〕 "Cleaning Up in Asia", *The Australian*, 19 May 1997.

〔3〕 Armelagos, G., "The Viral Superhighway", 1998, p. 28. 美国早期殖民时代出现过，欧洲工业革命高潮时也曾出现。

〔4〕 *Ibid.*, p. 28; Linden, E. (1996), "The Exploding Cities of the Third World", *Foreign Affairs*, 75/1：57.

升高 1.4～5.8 摄氏度，[1]很多科学家认为气温升高将会促进疾病的
跨国传播。世界多处发生的传染病病例表明，疾病爆发和气候变化有
紧密的关系。2003 年夏季，印度安德拉邦爆发了蚊传病毒性脑炎
（mosquito-borne encephalitis），这种疾病极少在夏季发生，但是那年
印度南部干旱地区气候骤变，原来的酷热天气变成季风降雨天气，导
致降水量陡增，诱发了蚊传病毒性脑炎。[2] 类似地，横行这些次大陆
地区的疾病，像霍乱、伤寒和骨痛热等，也和这些地区气候变化导致传
染病致病体肆意传播有关。[3] 同样，1998 年澳大利亚爆发的日本脑
炎和巴布亚新几内亚地区的大规模干旱有直接关系，干旱导致河流干
涸，从而使脑炎病毒赖以传播的蚊子繁殖量剧增。[4]

　　全球气温上升和气候变化也可能加大诸如山体滑坡、暴风雪、飓
风和洪水等自然灾害的发生概率，同时也可能让这些灾害更具破坏
性，进而亚太地区频发的严重自然灾害就会助长该地区疾病的传播。
因为就像战争和冲突一样，自然灾害一旦发生，必然会破坏交通和卫
生医疗等基础设施，受灾的人们被迫迁进拥挤不堪的临时帐篷，这将

---

〔1〕 Harvell, C. D., Mitchell, C. E., Ward, J. R., Altizer, S., Dobson, A. P., Ostfeld,
R. S., and Samuel, M. D. (2002), "Climate Warming and Disease Risks for Terrestrial and
Marine Biota", *Science*, June 21：2158-2162; Cifuentes, L., Borja-Aburto, V. H., Gouveia,
N., Thurston, G., and Davis, D. L. (2001), "Hidden Health Benefits of Greenhouse Gas Miti-
gation", *Science*, August, pp. 1257-1259; Houghton, J. T. *et al.* (eds.). *IPCC Third Assess-
ment Report. Climate Change* 2001：*The Scientific Basis*; and James McCarthy et al.
(eds.). *IPCC Third Assessment Report. Climate Change* 2001：*Impacts, Adaption, Vulner-
ability*，＜http://www. ipcc. ch/pub/reports_htm＞；"U. N. Report Forecasts Crises
Brought on by Global Warming", *The Washington Post*, 20 February 2001; "Two Studies Af-
firm Greenhouse Gases' Effects", *The Washington Post*, 13 April 2001; "Scientists Issue Dire
Prediction on Warming", *The Washington Post*, 23 January 2001.
〔2〕 "Encephalitis Kills 110 in Southern India", *The Vancouver Sun*, 16 July 2003.
〔3〕 "Changing Climate", *The Australian*, 15 July 1996; "Raining Misery：Millions
Marooned in Bangladesh", *The Sydney Morning Herald*, 19 September 1998; "A Needy Na-
tion Soruggles with Disaster", *The Sydney Morning Herald*, 19 September 1998.
〔4〕 Mckenzie, J. (2000), *Emerging Diseases in the Australasian Region*, Emerging
Infectious Diseases from the Global to the Local Perspective：Workshop Summary, the Na-
tional Academy of Sciences. Available at ＜http://www. nap/edu/openbook/
0309071844html/64. html＞.

对公众的健康形成直接威胁,受灾地区就像一个"定时炸弹"——随时可能爆发传染病。[1] 亚太地区的印度、孟加拉国、菲律宾和南太平洋岛国均会受到这类威胁的巨大冲击。

社会和人类行为方式的改变

社会和人类行为方式的改变,如性滥交和静脉注射毒品的增多对传染性疾病的传播也起到推波助澜的作用,其中艾滋病的泛滥就是一例。虽然艾滋病病毒的病原还不清楚,但毫无疑问,多性伴侣和同性性交的泛滥会有助于艾滋病的早期传播。[2] 现在,整个北美和西欧有近 1400 万人感染上艾滋病病毒,其中一些像纽约这样的城市,其艾滋病病毒携带人数高居全球前列。得益于性教育计划的实施和抗逆转录病毒药物的普及,1990 年以来,发达国家新感染艾滋病病毒的人数有所下降。但是亚太部分地区艾滋病仍然猖獗,尤其在南亚和东南亚,已经有超过 610 万人染上艾滋病病毒。[3]

在泰国、柬埔寨和印度,越来越多的性滥交引起了严重的疾病问题,当地发达的性服务产业使得这些问题进一步恶化。1994 年至 1998 年间,泰国有超过 10 万人感染上了艾滋病。虽然 20 世纪 90 年代泰国政府大力采取措施力图减少新增感染的人数,但由于曼谷和清

〔1〕 Logue,J. (1996),"Disasters,the Environment,and Public Health: Improving Our Response",*The American Journal of Public Health*,86/9：1207-1210；Gregg, M. (ed.) (1989),*The Public Health Consequences of Disasters*,CDC, Atlanta；Lechat, M. (1990),"The Epidemiology of Health Effects of Disasters",*Epidemiological Review*,12：192-198；McMichael,A. (1993),"Global Environmental Change and Human Population Health: A Conceptual and Scientific Challenge for Epidemiology",*International Journal of Epidemiology*,22,pp. 1-8；and Epstein,P. (1995),"Emerging Diseases and Ecosystem Instability: New Threats to Public Health",*American Journal of Public Health*,85：168-172.

〔2〕 Fitzsimons,D. and Whiteside, A. (1992),*The AIDS Epidemic: Economic, Political and Security Implications*,Conflict Studies 251, London, p. 7；"Young Bear the Brunt as AIDS Spreads Through the World on a Biblical Scale",*The Independent*, 25 November 1998；Garrett,L.,"The Return of Infectious Disease",1996, p. 72.

〔3〕 UNAIDS, AIDS *Epidemic Update-December* 2001. Available at <http://www. unaids. org/publecations/index. html>.

莱等性产业中心安全套使用减少，艾滋病的蔓延又有了抬头的趋
势。[1] 而在柬埔寨，全国近一半的性工作者都感染有艾滋病病毒。
照目前的趋势，到 2010 年柬埔寨染有艾滋病病毒的人数占其总人口
的比例将达到惊人的 25%。[2] 印度的数据同样骇人，仅在孟买，其
6 万～7 万名妓女中有四分之三 HIV 检查呈阳性，而 1990 年时仅有
1%。[3] 目前，印度全国大约有 350 万人患有艾滋病，这在很大程度
上归因于印度的性产业和其高发病率的性传播疾病。[4]

另外，静脉注射毒品的滥用也是导致亚太地区艾滋病横行的一个
重要原因。以印度为例，注射毒品时混用针头已成为传染艾滋病的第
二大途径（仅次于异性性接触传染），印度东北和缅甸（亚太地区鸦片
主要来源国）接壤的地区尤其如此。[5] 中国也概莫能外，中国政府公
开承认其南部艾滋病例大量增多与吸毒人群混用针头注射海洛因有
直接关系。

---

〔1〕 "'Mr Condom' Takes on An Old Foe", *The Los Angeles Times*, 1 August 2004；
"AIDS Epidemic Continues to Grow, U. N. Reports", *The Los Angeles Times*, 7 July 2004；
Nelson, K. (2001), *Thailand's HIV-Prevention Program Has Slowed the Epidemic, But
AIDS-Related Opportunistic Infections Have Increased*, John Hopkins School of Public
Health, 31 May. Available at <http://www. jhsph. edu/pubaffairs/press/thailands_HIV.
html>；"More Thai Patients Progress to Full-Blown Disease", *The Bangkok Post*, 22 March
2001；"Thai Army Winning AIDS Battle", *The Far Eastern Economic Review*, 30 May 1998.
〔2〕 UNAIDS, *AIDS Hits Asia Hard*, December 1997. Available at <http://www.
thalidomide. org/FfdN/Asien/asia. html>；"AIDS Begins to Widen Its Reach in India", *The
Washington Post*, 11 June 2003.
〔3〕 UNAIDS, *AIDS Hits Asia Hard*；UNAIDS(1996), *HIV/AIDS. The Global Epi-
demic*, UNAIDS Publication, Geneva；UNAIDS(1996), *The Status and Trends of the Global
HIV/AIDS Pandemic*, UNAIDS Publication, Geneva.
〔4〕 Fitzsimons, A. and Whiteside, D., *The AIDS Epidemic: Economic, Political and
Security Implications*, 1992, p. 7.
〔5〕 World Bank Group(1999), *India's National AIDS Control Program*. Available
at <http://www. worldbank. org/aids>.

传染病在亚太地区广泛传播导致的严重后果

传染病的广泛传播对亚太地区的影响非常严重,不但该地区的稳定性受到威胁,而且还直接影响了该地区居民的生活环境,所以从广义上讲,他们的生活水平也受到影响。下文将更全面地研究该问题,具体考量传染病传播给亚太地区带来的危害。主要涉及的方面有:人员伤亡、社会经济稳定、区域内的国家外交关系和各国为应对大规模杀伤性武器在国家安全事务中应考虑到的种种因素。

单纯从统计数字上就能看出,传染病的广泛传播对整个亚太地区的稳定和其居民生活质量形成了巨大冲击。东南亚和西太平洋地区目前每年死于传染病的人数大概占这些地区死亡总人数的 26%,其中 2002 年死于传染病的人数多达 690 万人。亚太地区爆发的传染病中,肺结核(全球近四分之三的结核病例发生在亚太地区)、呼吸道传染病和胃肠疾病是最常见的三种。[1] 而接下来的十年里,肆虐亚洲的艾滋病将夺去该地区很多人的生命,尤其在像印度和孟加拉这样的国家,其中孟加拉更被称为随时可能爆发大规模艾滋病的"定时炸弹"。联合国卫生专家预测,南亚次大陆到 2010 年艾滋病发病率将超过非洲南部地区,其中仅印度的感染病例就将高达 2000 万至 2500 万。[2] 为了使这一数据更具说服力,我们参考一下目前南非共和国的情况。南非是目前世界艾滋病的"震中",而 2000 年该国感染艾滋病病毒人数是 500 万。[3]

---

[1] World Health Organization, *World Health Report*, 2002. Available at <http://www.who.org>.

[2] "AIDS Begins to Widen Its Reach in India", *The Washington Post*, 11 June 2003.

[3] Brower, J. and Chalk, P. (2003), *The Global Threat of New and Reemerging Infectious Diseases: Reconciling U.S. National Security and Public Health Policy*. RAND, Santa Monica, CA, p. 34.

政治稳定

政府在某种程度上充当着民众的保护人角色,如果传染病得不到控制,民众对其政府实施保护功能能力的信心将减弱,进而政府执政的合法性和其在民众心目中的公信力也会大大削弱。典型的例子就是 1996 年日本由 0157 号大肠杆菌引起的大规模食物中毒事件,短短两个月时间,造成 8 人死亡,成千上万的人处于长期病痛中。此后,日本政府因没有有效采取措施及时控制疫情而遭到广泛责难。刚刚经历了上一年神户大地震的日本政府惊魂未定,又招来民众的广泛不满。[1] 非典型肺炎在中国爆发产生的后果同样具有启示意义。中国政府没有及时检查出"非典"病毒而做出补救措施,被认为是导致该病在中国肆意传播的最主要的原因之一,国内外都对此提出了广泛的批评。

经济稳定

经济基础是亚太各国安全和政府合法性赖以维系的重要保障,而传染病的大规模传播对亚太地区经济基础的冲击力并不亚于对该地区政治稳定的冲击。1996 年 9 月,印度城市苏拉特爆发的大规模腹股沟腺炎和肺炎病疫造成旅游、贸易等方面的损失高达 60 亿美元。在疫情高峰期,世界许多国家禁止到南亚次大陆旅游,印度全国旅馆的入住率只有 60%左右。[2] 1997 年到 1998 年,泰国艾滋病疫情失控,劳动力损失、政府医疗支出和个人保费增加让泰国的经济损失高达 25

〔1〕 *Ibid.*, p. 8;"Japan Declares E. coli Epidemic an Outbreak: Citizens Accuse Government of Slow Response",*CNN News*,1 August 1996.

〔2〕 World Resources Institute,"The Black Death Revisited: India's 1994 Plague Epidemic",*World Resources* 1996-1997. *A Guide to the Global Environment*. Available at <http://www. wri. org/wri/r-96-97. html>;"The Morning After", *India Today*,31 October 1994.

亿美元。[1]还有 2003 年东南亚地区爆发的"非典"也对各国财政造成一连串影响。据亚洲开发银行统计,截至 2003 年底,该地区总共损失近 500 亿美元。香港受影响最严重,总损失可达 110 亿美元。[2]

社会稳定

从本质上说,传染病菌对亚太地区的社会秩序、社会机能和民众的社会心理也造成了严重冲击。在巴布亚新几内亚,为了确保受难的人能得到更广泛的家庭般的照料,民众间建立起了相互扶助的机制,这就是所谓的"基于共同语言的城乡互助网络系统"(wantok system)。但是人们因为对艾滋病的恐惧而耻于和艾滋病人有关联,社会生活中该系统受到严重扭曲。[3]

和其他遭受过大规模传染病侵袭的地区一样,经历过痛苦的传染病疫情之后,亚太地区民众精神上仍留有巨大创伤。许多调查表明,长时间处在卫生状况恶劣且病疫横流的环境中,会对人的心理造成持久影响。一些跟踪研究记录显示,经历过传染病的人会持续情绪极度紧张,他们想要恢复到正常的生活状态很艰难。尤其是一些像鼠疫、艾滋病和麻风病这样容易让患者遭受歧视的传染病,更容易对人的心理造成阴影。[4]

传染病及其对国家安全的影响

除了对民众健康、政治和社会经济的影响,传染性疾病对亚太地

　　[1] Lederburg,J.,Summary and Assessment,2000,p. 4.
　　[2] "Virus to Cost Asia ＄50bn",The Australian,13 May 2003;"In Intensive Care", The Economist,26 April 2003. 根据《经济学》,四个月的"非典"摧毁了香港旅游业和航空业,使得奢侈品租赁价格下降了 10%,造成 2.1% 的通缩,传统高利润的手表业和珠宝业损失650 亿美元。
　　[3] O'Callaghan,M. (1999),"PNG-Positive",The Weekend Australian Magazine, November, pp. 13-14.
　　[4] Chalk,P.,Non-Military Security and Global Order,2000,pp. 113-114;FitzSimons,D. and Whiteside,A. (1994),"Conflict,War and Public Health",Conflict Studies, 276：28.

区传统意义上的安全也造成巨大影响,这类影响既涉及特定国家内部也涉及国与国之间。前面提到的 1994 年 9 月苏拉特爆发的鼠疫平均每天造成 10 人死亡就是典型的例子。恐怖气氛漫布苏拉特,四天之内全城有四分之一的人逃离,由于害怕和对鼠疫缺乏正确的认识,人与人之间应有的最基本的同情和关怀(对难民起码的关怀)荡然无存——大规模人员逃散使整个印度笼罩着前所未有的紧张气氛。为控制紧张局势,德里政府不得不调派大批警力对苏拉特进行检疫隔离,且严防正接受住院治疗的鼠疫患者离开医院传播瘟疫。[1]

从战略意义上说,生物战争和生物恐怖主义会让传染病如虎添翼。从危险性、传染性和传播的速度方面看,生物武器的攻击能力都要远远超过传统武器和化学武器。[2] 过去几年中,亚洲对这方面的关注在渐渐加大,主要有如下几方面的原因:

(1)1995 年,东京遭受了奥姆真理教恐怖组织投放沙林毒气事件,让人至今心有余悸。虽然那次恐怖袭击中的罪魁祸首不是某一种特定的传染病病毒,但那是非传统武器第一次投入实际使用并造成大规模人员伤亡。[3]

(2)本·拉登公然宣称为了对抗以美国为首的西方国家主导的政治体制,他们在"圣战"中会使用核武器与生化武器。

(3)据悉,原教旨主义势力已经通过伊斯兰祈祷团[4]渗透到东南亚各国。

(4)像朝鲜(2002 年,布什总统在国情咨文讲话中将朝鲜和伊朗、伊拉克一起并称为"邪恶轴心国")这样常常滋生事端的国家也许正加

---

〔1〕 World Resources Institute,"The Black Death Revisited: India's 1994 Plague Epidemic".

〔2〕 Chalk,P. ,*Non-Military Security and Global Order* ,2000,p. 111.

〔3〕 还应指出,在 1995 年的沙林毒气袭击事件之前和之后,奥姆真理教一直试图获取和传播包括炭疽热和埃博拉在内的生物试剂。关于奥姆真理教及其尝试获取和传播非常规的放射性武器的报道可参见 Kaplan,D. and Marshall,A. (1996),*The Cult at the End of the World*,Hutchinson,London.

〔4〕 该组织与巴厘岛 2002 年爆炸有关,炸死了 202 人。

紧酝酿制造核武器和生化武器的计划。这些非防御性质的军事举措引起了周边国家的担忧。[1]

如果发生大规模生物武器的袭击,其后果将是毁灭性的。跟大多数传染病致病体通过自然的接触传染不同,大规模病毒或病菌一旦被蓄意释放出来,尤其是释放到没有接种疫苗的区域,一大群人就会集中暴露在高浓度的传染病病毒中。仅仅几天的潜伏期过后,就会瞬间爆发大规模的传染病。这造成的不仅仅是大量人员伤亡和恐慌,整个社会的卫生体系和防御机制都会受到严重冲击,甚至可能崩溃。

亚太地区疾病的安全化

亚太地区疾病安全化的程度如何,安全化理念又对该地区传染病的防治产生了什么影响呢?

疾病安全化的程度

亚太各国都开始意识到了当今"微生物时代"存在的安全隐患,但是大多数国家对这一非传统安全领域的认识和表达都还停留在传统安全层面。它们关注的焦点还集中在传统的国家安全层面,对潜藏的大量社会层面的威胁则关注很少。更具体地说,该地区的安全化仅仅关注到生物武器袭击可能造成的大规模传染病,而这只是众多传染病威胁的一个方面。在后"9·11"时代,这一偏见愈演愈烈。"9·11"之后,原教旨主义势力不仅渗透到了亚太地区,而且还跟东南亚原有的恐怖组织加强了供给保障等方面的合作。为应对这一威胁,亚太国家在疾病安全化过程中更加只关注可能发生的生物武器袭击。像 2002

---

[1] 有关朝鲜的生化武器计划,参见 The Ministry of National Defense(2000), *Defense White Paper*, 2000, Ministry of Defense, Seoul, pp. 57-58; Schwartz, A. T. (2000), "Statement before the Senate Armed Services Committee", Washington D. C., March 7.

年巴厘岛发生的空袭这类大规模的恐怖袭击都是要蓄意造成大规模人员伤亡。另外,加上本·拉登声称会在任何可能的情况下使用生物武器,这些都使亚太地区愈加担忧可能遭受生物武器恐怖主义袭击。

从亚太地区的国内国际安全会议上热议的生物武器恐怖主义议题也可看出该地区对预防生物武器袭击的关注程度。特别是新加坡、澳大利亚、韩国和日本等国家,他们已经建立起共同的国家安全防卫体系,该体系专门制定了应对生物武器恐怖主义的机制。另外,像东盟、东盟地区论坛和亚太经合组织这样的政府多边论坛也在积极商讨如何应对生物武器恐怖主义的威胁,以及如何有效防止细菌生物技术扩散。[1]

安全化理念对应对传染病威胁的影响

从上文对亚太地区安全化程度的描述可以看出,该地区对传染病传播的控制仍然停留在国家安全层面,收效甚微。因为正如本章所述,致病微生物带来的潜在威胁要远远超过这种褊狭的政治臆想和范式,会直接对该地区居民的健康、政治和社会经济稳定造成严重冲击。亚太地区这一安全化现状在其各国政府的决策和政策制定上表露无遗。绝大多数政府旗帜鲜明地表示,认为疾病防治只是公共卫生问题,无关国家国际安全。这种态度很明显体现为以下三点:

(1)没有采取有效措施防治艾滋病之类容易致人身体虚弱的传染病(尤其是中国和印度,就现存的和潜在的艾滋病病毒感染病例而言,这两国都相当于亚洲的南非)。

(2)亚太地区流行的风险——脆弱性评估体系仍然只关注军事战略上的威胁,无视变相的"软性"威胁。

〔1〕作者自己采访,Canberra,Brisbane and Singapore,March-May 2003;"Australia Posts Terror Warnings on Nation's Fridges",*The Gulf News*,4 February 2003;"APEC Officials to Discuss Anti-Terror",*The China Daily*,24 February 2003;"Australia Boosts Special Forces",*The Financial Times*,2 December 2003.

(3)缺乏具有国防安全和情报背景的卫生医疗官员(除了专门应对生物武器恐怖主义和生物武器战争的官员)。

结语和假说

既然致病体自然传播给民众带来的痛苦远远超过生物武器恐怖主义和生物武器战争(根据假设,亚太地区将持续存在这样的威胁),到底是什么原因导致亚太地区传染病全面安全化的失败呢?亚太地区失败的安全政策和定位反映出该地区决策机制的封闭特征。虽然很难对这种失败作出完全合情合理的准确阐释,但针对亚太地区的情况,还是可以提出一些合理的假设。

第一,传染病的大规模爆发常常会引起国际社会对某国政府行政能力和公共管理能力的关注,而这和亚太地区互不干涉内政的广泛共识背道而驰。[1]

第二,病毒大规模传播危害虽然严重,但不会对相关国家的战略安全产生直接影响。例如,从感染 HIV 病毒到患艾滋病再到死亡,这个周期会持续好多年。传染病造成的危害通常是滞后的,安全决策者感觉不到紧迫感,因而就会延缓决策制定和相应地资源配置。

第三,正如前文所述,"9·11"之后,各国对大规模传染病的关注主要围绕跨国伊斯兰恐怖组织及其可能发动的大规模恐怖袭击。因此,预防生物武器恐怖袭击(尤其是那些具有快速和大规模杀伤力的生物武器,如天花)就成为各国官员考虑的突出事务。从这个意义上说,疾病在安全化理念中的定位只是该地区恐怖威胁安全化的附属产品。

---

〔1〕 东盟成立的基础之一就是成员国互不干涉内政,这一条款让疾病防治很难成为东南亚国家多边安全会议的议题。

第四,亚太地区许多国家的安全和情报机构对威胁的认识在本质上太过保守。这就必然导致他们不愿意接受新的操作任务,不愿意突破传统安全的界限。

第五,卫生官员和生物科学家这类知识群体本应该意识到传染病对国家稳定的破坏性,并且有义务提出富有创造性的建议,但是在亚太地区,他们还没有普遍意识到传染病带来的安全层面的挑战。相反,他们往往仅把目光集中在疾病的传染性、学理研究和疫苗的研发上,而这些并无益于决策者正确认识传染病带来的威胁。

当然,这种种解释都不是绝对的。事实上,2003 年爆发的非典型肺炎这类危害严重的传染病已经促使决策者对疾病的态度有所变化。在新加坡,正是其国土安全部最终承担起组织协调各方力量应对突发性传染病的重任,并且在病毒的后续跟踪监查工作中发挥了重要作用。[1]

同样,亚太地区以外的力量(包括美国、联合国和疾病控制中心等)一旦意识到新的或反复发生的传染病威胁,他们势必会对亚太地区施加压力,这些压力将有助于该地区建立全面的疾病安全化机制。尤其当区域性的传染病会发展成全球性病疫时,这些外权介入的可能性会更大。自从 SARS 病毒蔓延到加拿大和欧洲后,传染病防治的全球化趋势就显得尤为明显,一旦亚洲的禽流感也突变为可以在人类之间传播的变体,这一趋势将更加突出。[2]

一旦传染病在亚太地区的安全会议上获得更多的关注而不仅仅作为生物武器恐怖主义和生物武器战争的附属议题,亚太各国将面临一系列后续的挑战。原先各国职能部门仅仅关注国家层面的战略安

---

〔1〕 作者与国土安全局官员的对话。Office of Homeland Security, Singapore, May 2004.

〔2〕 "A War and a Mystery: Confronting Avian Flu", *The New York Times*, 12 October 2004; "Bird Flu is Back, Raising Fear of Spread Among Humans", *The New York Times*, 30 August 2004.

全,但当前他们面临的挑战威胁到更广泛的社会利益,他们必须顺应
这种变化作出调整。以前各司其职的国防、司法、情报、卫生、农业和
环境等部门必须加强合作,协同应对多维度的挑战。

除此之外,亚太各国互不干涉内政、各按所愿的决策原则也需要
作出相应调整。这样更有利于各国政府在探讨可能爆发的大规模疾
病时采取一致行动。这要求东盟和亚太经合组织敦促其成员国从以
下几个方面加强生态领域的相互监查:(1)相关国家卫生检疫系统是
否有效运转;(2)是否存在社会经济和环境方面的不利因素,可能引发
大规模疾病;(3)相关政府是否严格遵守国际卫生惯例和规定。

亚太地区能否突破传统思维,取得上述进展,最终实现疾病安全
化还有待观察。鉴于传染病可能从多种渠道威胁该地区的和平、安全
和稳定,所以,无论是为了制定出开明的公共政策,还是为了尽可能履
行服务于民的职责,对于亚太各国政府而言,正确应对疾病威胁已经
刻不容缓!

参考文献

"A Needy Nation Struggles with Disaster", *The Sydney Morning Herald*, 19 September 1998.

"A War and A Mystery: Confronting Avian Flu", *The New York Times*, 12 October 2004.

Abshire, D. (1996), "US Foreign Policy in the Post Cold War Era: The Need for an Agile Strategy", *The Washington Quarterly*, 19/2: 41-61.

Acharya, A. (2003), "*Securitization Theory: A Framework for Analysis*", paper presented before the Institute of Defense and Strategic Studies (IDSS) Workshop on Non-Traditional Security in Asia, Singapore, September, pp. 9-10.

"AIDS Begins to Widen Its Reach in India", *The Washington post*, 11 June 2003.

"AIDS Epidemic Continues to Grow, U. N. Reports", *The Los Angeles Times*, 7 July 2004.

"Antibiotic Resistant Germ Kills Woman, Hong Officials Say", *CNN News*, 22 February 1999.

"APEC Officials to Discuss Anti-Terror", *The China Daily*, 24 February 2003.

Armelagos, G. (1998), "The Viral Superhighway", *The Sciences*, 38/1: 24-29.

"Around Globe, Cities Have Growing Pains", *The Washington Post*, 11 June 2001.

"Austalia Posts Terror Warnings on Nations' Fridges", *The Gulf News*, 4 February 2003.

"Australia Boost Special Forces", *The Financial Times*, 2 December 2003.

"Bird Flu Is Back, Raising Fear of Spread Among Humans", *The New York Times*, 30 August 2004.

Brower, J. and Chalk, P. (2003), *The Global Threat of New and Reemerging Infectious Diseases: Reconciling U. S. National Security and Public Health Policy*, RAND, Santa Monica, CA.

Buzan, B. , Wæver, O. and de Wilde, J. (1998), *Security: A New Framework for Analysis*, Lynne Rienner, Boulder, CO.

Chalk, P. (1996), *Non-Military Security and Global Order, The Impact of Violence, Chaos and Disorder on International Security*. Macmillan, London.

"Changing Climate", *The Australian*, 15 July 1996.

"China Wakes Up", *The Economist*, 26 April 2003.

"Chinese City Portrays Good and Bad of Rapid Growth", *The Bangkok Post*, 12 October 1997.

Ciccarelli, J. (1996), "Preface: Instruments of Darkness: Crime and Australian National Security", in J. Ciccarellli(ed.), *Transnational Crime. A New Security Threat?* Australian Defence Studies Centre, Canberra, pp. xi-xv.

Cifuentes, L. , Borja-Aburto, V. H. , Gouveia, N. , Thurston, G. and Davis, D. L. (2000), "Hidden Health Benefits of Greenhouse Gas Mitigation", *Science*, August, pp. 1258-1259.

"Cleaning Up in Asia", *The Australian*, 19 May 1997.

Dalby, S. (1995), "Security, Intelligence, the National Interest and the Global Environment", *Intelligence and National Security*, 10/4: 175-179.

Duponr, A. (1996), "Regional Security Concerns into the 21th Century", in J. Ciccarelli (ed.), *Transnational Crime: A New Security Threat?* Australian Defense Studies Centre, Canberra, pp. 71-78.

"Encephalitis Kills 110 in Southern India", *The Vancouver Sun*, 16 July 2003.

Epstein, P. (1995), "Emerging Diseases and Ecosystem Instability: New Threats to Public Health", *American Journal of Public Health*, 85: 168-172.

FitzSimons, D. and Whiteside, A. (1992), *The Aids Epidemic: Economic, Political and Security Implications*, Conflict Studies 251, London.

FitzSimons, D. and Whiteside, A. (1994), "Conflict, War and Public Health", *Conflict Studies*, 276: 28.

Garrett, L. (1996), "The Return of Infectious Disease", *Foreign Affairs*, 75/1: 66-79.

Gregg, M. (ed.) (1989), *The Public Health Consequences of Disasters*, Centers for Disease Control, Atlanta, GA.

Harvell, C. D., Michael, C. E., Ward, J. R., Altizer, S., Dobson, A. P., Ostfeld, R. S. and Samuel, M. D. (2002), "Climate Warming and Disease Risks for Terrestrial and Marine Biota", *Science*, June, pp. 2158-2162.

Holden-Rhodes, J. and Lupsha, P. (1993), "Gray Area Phenomena: New Threats and Policy Dilemmas", *Criminal Justice International*, 9/1: 11-17.

Holden-Rhodes, J. and Lupsha, P. (1993), "Horsemen of the Apocalypse: Gray Area Phenomena and the New World Disorder", *Low Intensity Conflict and Law Enforcement*, 2/2: 212-226.

Houghton, J. T. et al. (eds.), *IPCC Third Assessment Report. Climate Change* 2001: *The Scientific Basis*. Available at <http://www.ipcc.ch/pub/reports_htm>.

"In Intensive Care", *The Economist*, 26 April 2003.

International Monetary Fund (1991), *The World Economic Outlook*, Washington D. C.

"Japan Declares E. coli Epidemic an Outbreak: Citizens Accuse Government of Slow Response", *CNN News*, 1 August 1996.

Kaplan, D. and Marshall, A. (1996), *The Cult at the End of the World*. Hutchinson, London.

Kwok, H. M. (2000), *Emerging Infectious Diseases in Hong Kong and their Public Health Significance*, paper given before the Emerging Infectious Diseases from the Global to Local Perspective Workshop, The National Academy of Sciences, Washington D. C.. Available at <http://www.nap/edu/openbook/0309071844html/64. html>.

Lam, S. K. (2000), *International Smart Partnership in Emerging Diseases: Sense and Sensibility*, paper given before the Emerging Infectious Diseases from the Global to Local

Perspective Workshop, The National Academy of Sciences, Washington D. C.. Available at <http://www. nap/edu/openbook/0309071844html/64. html>.

Latter,R. (1991),"Terrorism in the 1990s",*Wilton Park Papers*, 44 : 1-28.

Lechat,M. (1990), "The Epidemiology of Health Effects of Disasters",*Epidemiological Review*, 12 : 192-198.

Lederberg,J. (2000), *Summary and Assessment*, presentation given before the Emerging Infectious Diseases from the Global to Local Perspective Workshop, The National Academy of Sciences, Washington D. C.. Available at < http://www. nap/edu/openbook/0309071844html/64. html>.

Logue,J. (1996),"Disasters, The Environment, and Public Health: Improving Our Response",*The American Journal of Public Health*, 86/9 : 1207-1210.

Linden,E. (1996), "The Exploding Cities of the Third World", *Foreign Affairs*, 75/1 : 52-65.

"Malay Troops Slaughter Pigs in War on Virus",*CNN News*, 20 March 1999.

Matthew,R. and Shambaugh, G. (1998),"Sex, Drugs and Heavy Metal", *Security Dialogue*, 29/2 : 163-175.

McCarthy,J. *et al.* (eds.), *IPCC Third Assessment Report. Climate Change* 2001: *Impacts, Adaption, Vulnerability.* Available at < http://www. ipcc. ch/pub/reports_htm>.

McKenzie,J. (2000), Emerging Diseases in the Australasian Region, paper given before the Emerging Infectious Diseases from the Global to Local Perspective Workshop, The National Academy of Sciences, Washington D. C.. Available at <http://www. nap/edu/openbook/0309071844html/64. html>.

McMichael,A. (1993),"Global Environmental Change and Human Population Health: A Conceptual and Scientific Challenge for Epidemiology",International Journal of Epidemiology, 22 : 1-8.

Ministry of National Defense (2000), *Defense White Paper*, 2000, Ministry of Defense, Seoul.

"More Thai Patients Progress to Full-Blown Disease", *The Bangkok Post*, 22 March 1998.

"'Mr. Condom' Takes On An Old Foe", *The Los Angeles Times*, 1 August 2004.

National Intelligence Council (2000), The Global Infectious Disease Threats and Its Implications for the United States, National Intelligence Estimate 99-17D, January.

Nelson, K. (2001), *Thailand's HIV-Prevention Program Has Slowed tire Epidemic, But AIDS-Related Opportunistic Infections Have Increased*, John Hopkins School of Public Health, May. Available at <http://www. jhsph. edu/pubaffairs/press/thailands_HIV. html>.

"Out in the Open", *Newsweek*, 4 December 2000.

"Pig Borne Epidemic Kills 117", *The Sydney Morning Herald*, 10 March 1999.

"PNG-Positive", *The Weekend Australian Magazine*, 13-14 November 1999.

"Polluted Environment Causing Worldwide Illness and Deaths", *The Manila Times*, 24 May 1998.

"Raining Misery: Millions Marooned in Bangladesh", *The Sydney Morning Herald*, 19 September 1998.

"Rise of the Megacity", *The Australian*, 21 April 1997.

Schwartz, T. (2000), *Statement before the Senate Armed Services Committee*. Washington D. C. , March 7.

"Scientists Issue Dire Prediction on Warming", *The Washington Post*, 23 January 2001.

Smith, T. L. , Pearson, M. L. and Wilcox, K. R. *et al.* (1999), "Emergence of Vancomycin Resistance in Staphylococcus aureus", *New England Journal of Medicine*, 340 : 493-501.

"Thai Army Winning AIDS Battle", *The Far Eastern Economic Review*, 30 May 1998.

"Terrorism and the Warfare of the Weak", *The Guardian*, 27 October 1993.

"The Menace from Avian Flu", *The New York Times*, 12 October 2004.

"The Morning After", *India Today*, 31 October 1994.

Thomson American Healthcare Consultants (2000), *Guidelines for Prevention and Control of Pandemic Influenza in Healthcare Institutions*, March 23. Available at <http://www. ahcpub. com/ahc_root_html/breakingnews/flu03232000. html>.

Tow, W. (2000), "Linkages Between Traditional Security and Human Security", in W. Tow, R. Thakur and I. T. Hyun (eds.), *Asia's Emerging Regional Order: Reconciling Traditional and Human Security*. Tokyo: United Nations University Press, pp. 13-32.

"Two Studies Affirm Greenhouse Gases' Effects", *The Washington Post*, 13 April 2001.

"U. N. Report Forecasts Crises Brought on By Global Warming", *The Washington*

Post, 20 February 2001.

UNAIDS (1996), HIV/AIDS, *The Global Epidemic*, UNAIDS Publication, Geneva, December.

UNAIDS (1996), *The Status and Trends of the Global HIV/AIDS Pandemic*, UNAIDS Publication, Geneva, July.

UNAIDS (1997), *AIDS Hit Asia Hard*, December. Available at <http://www. thalidomide. org/FfdN/Asien/asia. html>.

UNAIDS (2001), *AIDS Epidemic Update-December* 2001. Available at <http:// www. unaids. org/publications/index. html>.

U. S. State Department (1997), *Keeping China's Blood Supply Free of HIV/AIDS*, U. S. Embassy, Beijing, April. Available at <http://www. usembassy-china. org. cn/english/sandt/webaids5. htm>(accessed on 13 March 2002).

"Virus to Cost Asia $ 50bn", *The Australian*, 13 May 2003.

Wæver, O. (1995), "Securitization and Desecuritization", in R. Lipschutz (ed.), *On Security*. New York: Columbia University Press, pp. 46-86.

"WHO Issues Advice on Air Travel", *The Age*, Australia, 29 March 2003.

"With Ignorance as the Fuel, AIDS Speeds Across China", *The New York Times*, 30 December 2001.

World Bank Group (1999), *India's National AIDS Control Program*, September. Available at <http://www. worldbank. org/aids>.

World Health Organization, *Report on Infectious Diseases: Recovering Obstacles to Healthy Development*. Available at <http: //www. who. org/infectious-disease-report/pages/textonly. html>.

World Health Organization (2002), *World Health Report*, 2002. Available at <http://www. who. org>.

World Resources Institute, "The Black Death revisited: India's 1994 Plague Epidemic", *World Resources* 1996-1997. *A Guide to the Global Environment*. Available at <http:// www. wri. org/wri/r-96-97. html>.

Yach, D. (1998), "The Globalization of Public Health I: Threats and Opportunities", *American Journal of Public Health*, 88/5 : 735-738.

"Young Bear the Brunt as AIDS Spreads Through the World on a Biblical Scale", *The Independent*, 25 November 1998.

第二章 亚洲艾滋病问题的安全化[1]

伊拉维尼尔·拉米亚
Ilavenil Ramiah

引 言

艾滋病大肆蔓延三十年,其夺去的生命已经超过了近代历史中任何武装斗争夺去的生命。[2] 如表 2-1 所示,2003 年有 300 万人死于艾滋病,500 万人新感染艾滋病病毒。[3] 2003 年全世界携带艾滋病病毒的人口数目总计约有 4000 万。[4] 在成人人口艾滋病病毒感染率超过百分之一的地区,艾滋病已经影响了经济的发展,而且也增加了贫困人口数。[5] 此外,在国家军队、警察和维和部队中,艾滋病感

〔1〕 感谢哈佛大学公共卫生学院 Elissa Klinger 的帮助。

〔2〕 (AWOG)African Women Global Network(2000),Proceedings of the 2nd International Conference on HIV/AIDS,Africa and African American Health in the New Millennium,Columbus,Ohio,October 26-28.

〔3〕 UNAIDS(Joint United Nations Program on HIV/AIDS)(2003), AIDS Epidemic Update 2003,UNAIDS,Geneva.

〔4〕 Ibid.

〔5〕 Guinness,L.,Alban,A.(2000),The Economic Impact of AIDS in Africa. A Review of the Literature,background paper prepared for the African Development Forum 2000,Addis Ababa;Arndt,C.,Lewis,J.(2000),The Macroeconomic Implications of HIV/AIDS in South Africa: A Preliminary Assessment. World Bank,Washington;Robalino,D.,Jenkins,C.,Maroufi,K.(2002),Risks and Macroeconomic Impacts of HIV/AIDS in the Middle East and North Africa: Why Waiting to Intervene Can Be Costly. World Bank,Washington.

染率也特别高，严重影响到国家间和本国国内贯彻执行法律法规的能力。[1]

表 2-1　2003 年感染艾滋病与因艾滋病死亡情况

	携带艾滋病病毒人口数	2003 年新感染艾滋病病毒人口数	2003 年因艾滋病死亡人数
成人	3700 万 （3100 万～4300 万）	42 万 （360 万～480 万）	250 万 （210 万～290 万）
儿童（15 岁以下）	250 万 （210 万～290 万）	70 万 （59 万～81 万）	50 万 （42 万～58 万）
共计	4000 万 （3400 万～4600 万）	50 万 （420 万～580 万）	300 万 （250 万～350 万）

资料来源：《艾滋病流行病最新信息 2003》，联合国艾滋病规划署（UNAIDS）（2003a）。

迄今为止，艾滋病蔓延带来的主要的破坏性影响发生在撒哈拉以南的非洲。[2] 但是也应该注意到，艾滋病流行感染的情况在亚洲南部、东南部和东部的一些国家正越来越严重。[3] 据世界银行估计，携

---

〔1〕 Foreman，M.（2002），*HIV/AIDS Infection in the Military*，HealthLink Worldwide/PANOS AIDS Program，London；Schneider，M.，Moodie，M.（2002），*The Destabilizing Impacts of HIV/AIDS*，Center for Strategic and International Studies（CSIS），Washington D. C.；UNAIDS（Joint United Nations Program on HIV/AIDS）（1998），*AIDS and the Military，A UNAIDS Point of View*，UNAIDS，Geneva. 2002 年 7 月，联合国安理会正式确认艾滋病威胁到各方面安全，并且把该病作为国际安全的大事（第 1308 号决议）。艾滋病是第一个联合国安理会讨论的卫生问题，也是通过的第一个非传统安全决议。参见 Wurst，J.（2000），*Health Africa-UN Security Council-Breaking Tradition-Takes up AIDS*. Inter-Press Service.

〔2〕 Dixon，S.，McDonald，S.，Roberts，J.（2001），"HIV/AIDS and Development in Africa"，*Journal of International Development*，13/4：391-409；Jamison，D.，Sachs，J.，Wang，J.（2001），*The Effect of the AIDS Epidemic on Economic Welfare in Sub-Saharan Africa*，Commission on Macroeconomics and Health，WHO，Geneva；Carbello，M.，Mansfield，C.，Prokop，M.（2000），*Demobilization and its Implications for HIV/AIDS*. International Center for Migration and Health，Geneva.

〔3〕 WHO（World Health Organization）（2003），*HIV/AIDS in the Asia and Pacific Region*，WHO，Geneva；UNAIDS（Joint United Nations Program on HIV/AIDS），*AIDS Epidemic Update 2003*；UNAIDS（Joint United Nations Program on HIV/AIDS）（2002），*HIV/AIDS in Asia*，UNAIDS，Geneva.

带艾滋病病毒的所有人口中,有近四分之一的人居住在这些亚洲地区。[1]

虽然亚洲一些国家可能遭遇毁灭性的传染病,但幸运的是,它们大部分只是第二波遭遇艾滋病侵袭的国家中的一部分,而非第一波。[2] 其中,第一波遭遇艾滋病侵袭的国家大部分位于撒哈拉以南的非洲,[3] 这些国家的经验表明,抑制并控制艾滋病传播需要对公众进行教育,使其了解艾滋病的严重性,同时还需要大规模地动用新的社会、技术和财政资源,也必然包含了政策领域的巨大改变。国家必须迅速地对艾滋病做出反应并规律性地进行调节。[4] 这样的改变在大部分国家和人口中实施起来都比较困难,特别是在已经有很多问题的发展中国家则更具挑战性。

就此问题,哥本哈根学派提出的"安全化"理论作为一种提倡针对抑制艾滋病蔓延做出有效反应的措施具有相当大的吸引力。在战争情况下或者在如同 SARS 这样更容易看到的危机情况中,控制艾滋病病毒所需改变的程度以及速度,基本上会被接受并且实施。

虽然将艾滋病问题安全化的观点十分吸引人,但安全化的过程依然是不确定的。谁是"安全化的主体"? 或者说"安全化的行为体"有哪些? 艾滋病是一种涉及很深隐私领域的疾病,更因宗教、道德等因素而扑朔迷离,所以怎样才能说服政府成为安全化的主要行为体呢? 既然安全问题必须由政治和政府部门提出,那么公共部门能够单独地

---

〔1〕 World Bank(2002), *AIDS and the Development Paradigm in India*. Available at <http://Inweb 18. worldbank. org/SAR/sa. nsf/Countries/india/03546DDEB7EC0AA885256>(accessed on 10 June 2005).

〔2〕 泰国是第一批面对艾滋病危机的亚洲国家中的一个,它已经非常成功地控制了此病的传播。参见 Abrams, S. (1998), "HIV in Southeast Asia", *Harvard AIDS Review*, Fall. Available at <http://www. hsph. harvard. edu/hai/publications/har/fall-1998/fall98-2. html>(accessed on 23 May 2001). 泰国可能被认为是第一波遭受艾滋病大流行的国家之一。

〔3〕 第一波遭受艾滋病大流行的国家包括南非、博茨瓦纳、莱索托、塞内加尔、乌干达、泰国、赞比亚、津巴布韦和海地。

〔4〕 Piot, P. (2003), *AIDS: The Need for an Exceptional Response to an Unprecedented Crisis*, A Presidential Fellow's Lecture to the World Bank, Washington D. C.

对安全化的信息进行有效传播吗？什么才是各种安全化行为体的必要言语行为？我们怎样才能知道什么时候艾滋病问题已经安全化了？

　　本章的第二部分详尽地讨论了在东亚、东南亚和南亚地区越来越严重的艾滋病感染情况，并阐释了如果对此置之不理，艾滋病传播对人类、军事和经济安全可能造成的影响。本章第三部分致力于提倡建立一个艾滋病问题安全化的框架。

亚洲地区艾滋病传染情况加剧：传染途径

　　2003 年末，在亚洲估计有 900 万成人和儿童携带艾滋病病毒，[1] 如表 2-2 所示，除了柬埔寨、缅甸和泰国，南亚、东南亚和东亚的大部分国家的全国成人艾滋病感染率仍然较低。但是，在人口众多的国家，如印度（0.8%）、中国（0.1%）和印度尼西亚（0.1%），较低的全国成人艾滋病感染率淡化了这个问题的严重性。[2] 全国感染率也掩盖了严峻的局域化传染情况，该病流行情况已经影响到很多人。例如，在印度三个人口超过 5000 万的邦内，产前检查门诊处的艾滋病检测表明艾滋病感染率为 3%，甚至更高。[3] 一些主要的城市和地区也有报告表明艾滋病感染率高于 3%（CIRA，2003）。[4] 在中国的新疆维

---

　　〔1〕　UNAIDS(Joint United Nations Program on HIV/AIDS)，*AIDS Epidemic Update* 2003，2003.

　　〔2〕　从感染艾滋病到初次表现出症状是段很长的时间，这也可能掩盖了对全国传播情况的统计，特别是在没有建立经常性的检查和大部分人口不能享受医疗系统服务的地方。参见 Pharoah，R.，Schonteich，M. (2003)，*AIDS*，*Security and Governance in Southern Africa：Exploring the Impact*，ISS paper 65，Institute of Security Studies，Pretoria. It should also be noted that several countries have been seveerly criticized for underreporting national prevalence of HIV/AIDS.

　　〔3〕　Chatterjee，P. (2003)，"Mother-to-Child Transmission in India"，*Lancet Journal for Infectious Diseases*，December，3/12：744.

　　〔4〕　CIRA(Center for Interdisciplinary Research on AIDS) (2003)，*Epidemiology of HIV/AIDS in India*，CIRA，Yale University，New Haven.

吾尔自治区,注射毒品使用者(IDUs)中艾滋病感染率为 35%~80%,在广东省则为 20%。[1]

表 2-2　目前艾滋病对东亚、东南亚和南亚国家的影响[a]

2003 年携带艾滋病病毒的成人和儿童	9000000		
新感染艾滋病病毒的成人和儿童	610000~1100000		
成人感染率(%)	0.4~0.8		
因艾滋病死亡的成人和儿童	330000~590000		
国　家	成人感染率[b] (百分数和数量)	与艾滋病相关的 死亡人数	艾滋病孤儿数目
孟加拉国	0.1(13000)	650	2100
柬埔寨	2.7(160000)	12000	55000
中　国	0.1(850000)	30000	76000
印　度[c]	0.8(4580000)	—	120000[d]
印度尼西亚	0.1(120000)	4600	18000
日　本	0.1(120000)	430	2000
韩　国	0.1(4000)	220	1000
老　挝	0.1(1300)	150	—
马来西亚	0.4(41000)	2500	14000
缅　甸	0.1[e](420000)[f]		55000[g]
尼泊尔	0.5(56000)	2400	13000
巴基斯坦	0.1(76000)	4500	25000
菲律宾	0.1(9400)	720	4100
新加坡	0.2(3400)	140	—
斯里兰卡	0.1(4700)	250	2000
泰　国	1.8(650000)	55000	290000
越　南	0.3(130000)	6600	22000

注: a) 除非另有说明,数据均来自联合国艾滋病规划署(UNAIDS)。统计数据反映了 2001 年前的趋势。

b) 百分比反映了每个国家的 15~49 岁的人口中确认感染艾滋病毒的人数,人数统计截至 2001 年底。

c) 在 2001 年预计的累计死亡人数。

d) 截至 2001 年底,估计活着的孤儿总数。这些数据反映了由于感染艾滋病病毒而失去母亲或双亲的 15 岁以下儿童。

e) 根据美国中央情报局估计的育龄人口。

f) 来源于 HIV/AIDS—South East Asia Region Factsheet, WHO (截至 2003 年)。

g) 资料来源:UNICEF(2000)。

[1] UNAIDS(Joint United Nations Program on HIV/AIDS), *AIDS Epidemic Update* 2003,2003.

更加令人担忧的是，分析家们注意到，在亚洲国家中，即便是全国成人艾滋病感染率，也极有可能在接下来的十年中有所增长，将打破现在局域性传染状况，蔓延至全部人口中。[1]

亚洲第一批艾滋病案例发现于 20 世纪 80 年代中期，[2]通常是首先在注射毒品滥用者和商业性性工作者中发现，[3]而且在这些主要的高危人群中，艾滋病的加速蔓延被认为是刺激了艾滋病传染到国内的大众人群以及新的国家和新的人群。艾滋病病毒从亚洲高危人群通过"桥梁人群"传染到大众人群中的途径如图 2-1 所示。应该注意的是，在亚洲不同国家中，不同的高危人群和"桥梁人群"的重要性也有很大不同。以下将对亚洲两个具有极其庞大人口的可能遭受艾滋病影响的国家——中国和印度的艾滋病携带者、高危人群和"桥梁人群"的主要趋势进行简要陈述。

中 国

中国 31 个省、自治区、直辖市都检测到艾滋病病例。[4] 中国政府确认了中国三次明显的艾滋病疫情。[5] 艾滋病检测呈阳性的个体

[1] Beyrer,C. (1998),*War in the Blood : Sex,Politics,and AIDS in Southeast Asia*. Zed Books,London;Kaufman,J. (2002),"AIDS in China: The Time to Act is Now",*Science*,June 28：2239-2340；Thompson, D. (2003), "Pre-empting an HIV/AIDS Disaster in China",*Seton Hall Journal of Diplomacy and International Relations*,IV/2：29-44.

[2] WHO(World Health Organization)(2001), *HIV/AIDS in the Asia and Pacific Region*,WHO,Geneva.

[3] Beyrer,C. (1998),*War in the Blood : Sex,Politics,and AIDS in Southeast Asia*. Zed Books,London;Beryer,C. (2001),"Accelerating and Disseminating across Asia",*Washington Quarterly*,Winter, pp. 211-225. 亚洲主要的艾滋病危机的流行行为和方式和世界其他主要地区有所不同。在撒哈拉以南的非洲，最主要的传播方式(95％以上)是通过同性恋之间的性行为。在西方国家，男人与男人之间的性行为和注射毒品是艾滋病传播的主要途径。在亚洲，注射毒品和 FSW 以及他们的顾客是最主要的艾滋病传播方式(世界卫生组织，东南亚,2003)。

[4] CDC(Center for Disease Control)/U. S. Department for Health and Human Services(2001),*Report of an HIV/AIDS Assessment in China*,National Center for HIV,STD and TB Prevention.

[5] Chinese Ministry of Health(2003),*AIDS Situation and Progress on Prevention Work in China* 2002,Chinese Ministry of Health,People's Republic of China,Beijing.

中,约 68％的感染者确认为注射毒品滥用者,其中大部分居住在中国的南部地区和东部地区;10％的感染者因异性性接触感染(大部分确认为商业性的性工作者与其顾客之间性交感染所致);10％的感染者因不安全的献血行为感染;其余的感染者感染途径不明。[1]

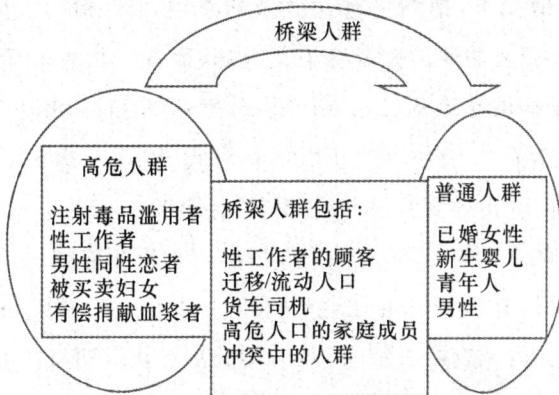

图 2-1 艾滋病病毒从高危人群传染至普通人群

资料来源:节选自《印度人口基础》(2003)。

　　虽然目前大部分艾滋病感染病例发现于注射毒品滥用者中,但最近几年艾滋病感染增多情况大部分是由于商业性性工作产业扩张以及越来越多的流动人口充当了性工作者和普通人群之间的"桥梁人群"。

　　随着中国经济的增长,大约有 1.2 亿至 1.3 亿来自乡村地区的人口迁移至城市寻找工作。[2] 这种"流动人口"由年轻男女构成,他们往往缺乏教育并且处于生命中的性活跃阶段,非常容易感染艾滋病。[3] 特别是这种"流动人口"中的年轻女性,缺乏经济条件意味着

---

〔1〕 *Ibid.*
〔2〕 World Vision(2003),"AIDS Threatens to Spread to General Population",*Worldview Update*,Geneva;CDC(Center for Disease Control)(2001),"China,India may face HIV/AIDS Catastrophe",*The Body*,7 July.
〔3〕 Thompson,D.,"Pre-empting an HIV/AIDS Disaster in China",2003.

她们中的很多人必须以全职或者兼职形式加入到性工作产业中。[1]

目前,中国性工作者中的艾滋病感染率仍然被认为处于较低水平,但是这种情况很有可能发生改变,特别是流动人口中有大量的男性,他们有充足的机会接触性工作者,在远离家庭并且较少地受社会道德约束的情况下,他们更有这样做的意愿。[2] 中国卫生部估计,2002 年有 1.32%的性工作者感染艾滋病,而在广西省和云南省的一些地方,艾滋病的感染率已非常严重,分别达到 11%和 5%。[3] 这些地方的性工作者中,避孕套的使用率非常低(10%~15%),[4]而且对艾滋病传播的认识程度低,相关知识贫乏。[5]

随着城市收入的提高,对性工作者的需求也相应增长。特别是在城市地区,对婚外性问题的社会障碍也放松了。[6] 在某一省份的一份对当地商人的调查中显示,其中 95%的人承认近期与性工作者发生过性关系。[7]

艾滋病传染的迅速蔓延的确可能已经被察觉。在 2002 年底,中国政府记录了 40560 个艾滋病感染病例。[8] 在 2003 年 9 月,卫生部常务副部长曹强在联合国大会的发言中提到,当时有 84 万人携带艾滋病病毒。虽然如此大的增长幅度可能是由于加大艾滋病案例记载

　　〔1〕　CDC(Center for Disease Control)/U. S. Department for Health and Human Services,*Report of an HIV/AIDS Assessment in China*,2001.
　　〔2〕　Thompson,D. ,"Pre-empting an HIV/AIDS Disaster in China",2003.
　　〔3〕　Kaufman,J. ,"AIDS in China: The Time to Act is Now",2002.
　　〔4〕　CDC(Center for Disease Control)/U. S. Department for Health and Human Services,*Report of an HIV/AIDS Assessment in China*,2001.
　　〔5〕　Wu,Z. (2002),*Epidemics and Impacts of AIDS and Strategies for Control in P. R. China*,National Center for AIDS/STD Control and Prevention,Beijing.
　　〔6〕　CDC(Center for Disease Control)/U. S. Department for Health and Human Services,*Report of an HIV/AIDS Assessment in China*,2001;Gill B. and Morrison S. (eds.) (2003),*Averting a Full Blown HIV/AIDS Epidemic in China*,Center for Strategic and International Studies,Washington D. C.
　　〔7〕　CDC(Center for Disease Control)/U. S. Department for Health and Human Services,*Report of an HIV/AIDS Assessment in China*,2001.
　　〔8〕　Chinese Ministry of Health,*AIDS Situation and Progress on Prevention Work in China* 2002,2003.

工作力度所致,但是根据极有可能保守估计的中国官方数据,艾滋病感染病例的年增长速度在 30％。倘若没有干预,到 2010 年,中国的艾滋病病毒携带者人口数目有可能成为世界第二。[1]

印 度

预计到 2005 年,印度会成为世界上艾滋病病毒携带者最多的国家。

印度有记录的艾滋病病例中,96％来自印度 31 个邦中的 10 个邦。[2] 印度有记录的艾滋病病例中,82.6％的感染者因异性性接触感染;4.4％的感染者因滥用注射毒品感染;4％的感染者因血液和血制品感染;1.8％的感染者因母婴传播感染;剩余 7.5％的感染者感染途径仍然不明。[3]

2003 年 7 月,印度国家艾滋病协调机构的项目主任也承认,"艾滋病不仅影响高危人群或者城市人口,而且也逐渐传播到乡镇地区和普通人群"。[4] 正如在中国一样,艾滋病传播至普通人群的部分原因在于性工作产业中艾滋病病毒传播迅速。孟买有印度最大的性产业,以妓院为基础,其中有 6 万至 7 万性工作者。[5] 虽然在 1990 年孟买的性工作者中只有 1％感染艾滋病病毒,但是到 1996 年,这个城市的性工作者中有近四分之三的人感染艾滋病。同样,在苏拉特的一次研究调查发现,性工作者中艾滋病感染率已经从 1992 年的 17％上升到

〔1〕 Eberstadt,E. (2002),"The Future of AIDS",*Foreign Affairs*,November/December. Available at ＜ http：//www. foreignaffairs. org/20021101faessay9990/nicholaseberstadt/the-future-of-aids. html＞(accessed on 9 June 2005).

〔2〕 UNAIDS(Joint United Nations Program on HIV/AIDS)/ WHO(World Health Organization)(2002), *HIV/AIDS in India*,Report of the Working Group on Global HIV/AIDS and STI Surveillance,UNAIDS/WHO,Geneva.

〔3〕 Solomon,S. and Ganesh,A. (2002),"HIV in India",*Topics in HIV Medicine*, 10/3：19-24.

〔4〕 "India Must Act to Prevent Tens of Millions of HIV Cases",*Kaiser Network*,25 July 2003；UNAIDS(Joint United Nations Program on HIV/AIDS),*AIDS Epidemic Update* 2003,2003.

〔5〕 Gomare *et al*. (2002),*Adopting Strategic Approaches for Reaching Out to Inaccessible Populations*,paper presented at the XIV International AIDS Conference,Barcelona.

2000 年的 43%。[1]

性工作者中艾滋病感染率迅速增长,伴随着的是近些年产生的大量"桥梁人群"。和中国一样,印度也有庞大的"流动人口"。根据印度 1993 年的全国抽样调查结果显示,24.7%的人口曾经迁移,或者在印度国内,或者迁移到临近的国家,抑或是更远的国家。将这个比例应用到 2003 年中叶的印度,大约有 2.64 亿的印度人是流动人口。

流动人口获得关于艾滋病的信息、义务咨询、检测和卫生服务的途径很少,文化上和语言上的障碍加剧了他们获得这些服务的情况。回家或者探访的流动人口中,很多人并不知道自身状况,可能会在自己家乡传染给他们的妻子或者其他性伴侣。[2] 实际上,已婚男性是关键的桥梁人群,需为大量的艾滋病感染负责。[3]

货车司机构成了传染艾滋病至普通人群的另外一批关键桥梁人群。[4] 印度有世界上最大的道路网之一,同时有 200 万至 500 万的远程货车司机和助手。[5] 他们长时间远离家园,这使他们很容易接触

〔1〕 Desai,V.,Khosambia,J. and Thakur,H.(2003),"Prevalence of Sexually Transmitted Infections and Performance of STI Syndromes Against Aetiological Diagnosis,in Female Sex Workers of Red Light Area in Surat,India",*Sexually Transmitted Infections*,79:111-115.

〔2〕 UNAIDS(Joint United Nations Program on HIV/AIDS)(2001),Population,Mobility and AIDS.*UNAIDS Technical Update*,UNAIDS,Geneva.

〔3〕 Population Foundation of India(2003),*HIV/AIDS in India*,Population Foundation of India,New Delhi. Available at <http://www. popfound. org/publication. htm>(accessed on 20 January 2004);Gangakhedkar,R.,Bentley,M.,Divekar,A.,Gadkari,D.,Mehendale,M.,Shepherd,M.,Bollinger,R. and Quinn,T. (1997),"Spread of HIV Infection in Married Monogamous Women in India",*Journal of the American Medical Association*,278/23:2090-2092.

〔4〕 USAID(United States Agency for International Developmenton)(2003),*India:Country Profile*,USAID,Washington D. C. 虽然他们被认为是移民工人中的次要人口,但这一人群的规模和独特的方式以及艾滋病通过其传播的背景,已经导致了普遍意义上的独立阶层的出现。

〔5〕 FHI(Family Health International)(2003),*Behavioral Surveillance Survey in Healthy Highway Project*,FHI,Durham.

到高危性工作者,也常常导致他们的性接触次数增加。[1] 1999 年发表的一项研究表明,87％的印度司机频繁且不加选择地更换性伴侣,而其中只有 11％的人使用避孕套。[2]

艾滋病对亚洲的影响

随着艾滋病传播至亚洲许多国家中更多的人群,这些国家在某种程度上还包括它的周边地区,这些地区极有可能遭受巨大的毁灭性后果。这一节非常简明地勾画出艾滋病的三种主要严重后果,这些内容已经在其他地方进行了详细讨论。[3]

首先,预计到 2010 年,在那些已经严重受艾滋病影响的亚洲国家,艾滋病会对人的安全产生巨大影响。正如之前提到的,到 2010 年,印度和中国将分别预计有 3700 万[4]和 1500 万人口感染艾滋病。[5] 图 2-2 指出了越南、泰国和柬埔寨预测的与艾滋病相关的死亡人数。虽然在泰国,与艾滋病相关的死亡人数可能会减少,但是在柬埔寨和越南,该数目正在增加。

〔1〕 Christensen, A. (2002), *Truckers Carry Dangerous Cargo*, Global Health Council, Washington D. C. ；FHI(Family Health International), *Behavioral Surveillance Survey in Healthy Highway Project*, 2003.

〔2〕 Kootikuppala, S. *et al*. (2002), "Sexual Lifestyle of Long Distance Lorry Drivers in India", *British Medical Journal*, 318：162-163；Christensen, A. (2002), *Truckers Carry Dangerous Cargo*, 2002.

〔3〕 Schneider, M. and Moodie, M. , *The Destabilizing Impacts of HIV/AIDS*, 2002；Robalino, D. , Jenkins, C. and Maroufi, K. , *Risks and Macroeconomic Impacts of HIV/AIDS in the Middle East and North Africa*, 2002；Policy Project(2003), *HIV/AIDS in the Mekong Region*, *Current Situation*, *Future Projections*, *Socioeconomic Impacts*, *and Recommendations*, June, Washington D. C.

〔4〕 World Bank (1999), *India's National AIDS Control Program*, World Bank, Washington D. C.

〔5〕 Gill, B. and Morrison, S. (eds.), *Averting a Full Blown HIV/AIDS Epidemic in China*, 2003.

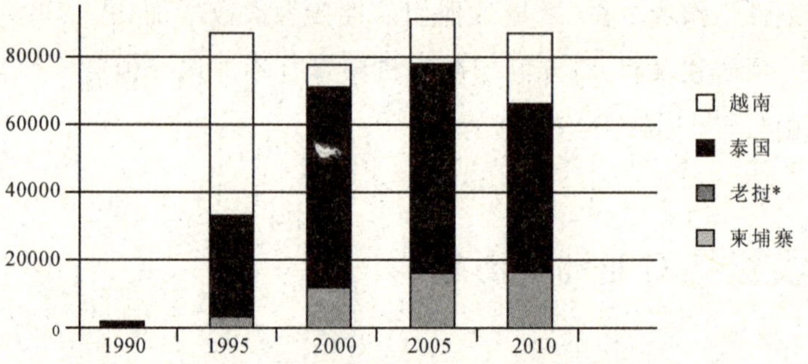

图 2-2　预测估计的四个东南亚国家中因艾滋病死亡人数

注:老挝每五年因艾滋病死亡的人数小于 200 人。

资料来源:UNICEF(2002)。

　　与这些艾滋病死亡相关,艾滋病也造成了另外一批相关人群的安全问题的出现:来自于父母一方或者双方因艾滋病死亡的家庭的孤儿。在泰国、柬埔寨、老挝和越南,预测显示,到 2010 年有 60 万儿童因艾滋病成为孤儿。[1] 印度已经因艾滋病造成 12 万儿童成为孤儿。[2] 虽然这些儿童中的一部分将会由抚养机构照料,但是其中大多数又会再次成为艾滋病感染高危人群中的一部分。正如劳(Rau)指出的:"无家可归的儿童的存在以及他们对钱、食物、住所和友谊的需求都增加了他们陷入随意的性关系或者更正式的商业性性剥削的可能性。"[3]

　　第二,艾滋病感染范围广,威胁到经济安全。艾滋病选择性地影响到了人口中最有经济生产力的部分。正如印度和中国的经济流动

　　〔1〕　UNICEF(United Nations Children's Fund),UNAIDS(Joint United Nations Program on HIV/AIDS),USAID(United States Agency for International Development)(2002),*Children on the Brink*:*Strategies to Support Children Isolated by HIV/AIDS*,UNICEF/UNAIDS/USAID.

　　〔2〕　VHS(Voluntary Health Services)(1999),*AIDS Control and Prevention Project*,*Annual Report*,VHS,Chennai.

　　〔3〕　Rau,B.(2002),*Intersecting Risks*:*HIV/AIDS and Child Labour Inequality Reinforces Child Labour and HIV Infection*,ILO,Geneva;Policy Project,*HIV/AIDS in the Mekong Region*,*Current Situation*,*Future Projections*,*Socioeconomic Impacts*,*and Recommendations*,2003.

人口的病例所示(见以上部分),年轻人处于他们的性、生殖和生产高峰阶段,承担着感染艾滋病的最高风险。在泰国,67 万携带艾滋病病毒的人口中,超过 85％的人处于生产能力最高峰的年龄阶段(15 岁至49 岁)。倘若艾滋病的蔓延势头没有得到遏制,到 2015 年,由于艾滋病影响,泰国处于工作年龄的人口预计会减少 1000 万。[1]

在年轻、富有生产能力并且具备高等技能的人群中,感染艾滋病的高风险产生的影响在很多方面都损害了经济安全,最直接的主要影响可能就是每个家庭由于治疗艾滋病或者因艾滋病带来的死亡导致家庭收入的巨大损失。一份对印度艾滋病病人的研究显示,艾滋病病人平均在药物上花费了他们年收入的 10％~30％。[2]

若艾滋病感染率超过 1％,它对社会各部分的累计影响会显示在全国经济增长率和地方经济增长率上。[3] 据世界银行预测,若艾滋病感染率为 8％,同没有艾滋病的情况相比,国内生产总值将减少0.4％。在 2000 年,中国云南省的劳动力中永久性或暂时性不参与生产的净国内生产总值损失为 0.01％。[4] 假设到 2010 年,云南省经济持续以 4％的年增长率发展,2010 年由于艾滋病造成的收入净损失预计会增长到 0.43％。

艾滋病造成生产力下降,政府也被迫调拨更多的资源作为卫生方面的支出,调拨更少的资源到其他全民发展项目。世界银行已预测在

〔1〕　Bloom,D. and Sevilla,J. (Riverpath Associates)(2001),*Health*,*Wealth*,*AIDS and Poverty-the Case of Cambodia*. Available at <http://www. adb. org/ Documents/Reports/HW_Cambodia/HWCAM. pdf>(accessed on 21 January 2004).

〔2〕　Gupta,I. ,Panda,S. and Motihar,R. (2003),*HIV/AIDS and Development in India*,*Background Study for the Swedish Coutury Strategy for India* 2003-2007,Swedish International Development Agency,Stockholm.

〔3〕　Schneider,M. and Moodie, M. (2002),*The Destabilizing Impacts of HIV/ AIDS*,2002.

〔4〕　Hereward,M. ,Ionita, G. ,Li,J. ,Yuan,J. ,Zhang,J. ,Stewart,W. and Li,X. (2002),"Limiting the Future Impact of HIV/AIDS on Children in Yunnan",in G. Cornia (ed.),*AIDS*,*Public Policy and Child Well-Being*,UNICEF,Florence. Available at <http://www. unicef-icdc. org/research/ESP/aids/chapter9. pdf >(accessed on 9 June 2005).

很多发展中国家，一年的基本医疗花费会达到人均国内生产总值的两倍到三倍。关于不同水平的全国艾滋病感染率对印度和中国的国民生产总值影响的模拟调查结果显示，如表 2-3 所示，艾滋病对国民经济产生巨大影响。

艾滋病造成的第三方面的后果是它对军队和维和部队的影响，这些人群特别容易感染艾滋病。布鲁姆和马哈尔指出，柬埔寨的维和部队中艾滋病感染率已经非常高。[1] 正是由于在这种背景下，士兵和外国货币汇集，导致性产业产生以及人口贩卖网膨胀，也为联合国维和部队提供了妇女。[2] 在蒙古调查的 287 名曾经有性接触经验的新兵中，有 82.2％说他们没有使用过任何保护措施。[3]

表 2-3　艾滋病的影响：对 2025 年中国和印度国民生产总值影响的模拟结果

	2000 年	2025 年			
		无艾滋病传染	轻度艾滋病传染	中度艾滋病传染	重度艾滋病传染
中　国					
假设艾滋病传染率(％)	0.07	0	1.5	3.5	5
国民生产总值(美元/10 亿)	9200	17700	13600	10800	9400
人均国民生产总值(美元)	10800	17700	13900	11200	9900
印　度					
假设艾滋病传染率(％)	0.7	0	1.5	5	7
国民生产总值(美元/10 亿)	3700	10300	8000	5200	3900
人均国民生产总值(美元)	5900	11200	8700	5800	4700

资料来源:《艾伯斯塔特》(2002)。

---

〔1〕 Bloom,D. and Mahal,A. (1997),"Does the AIDS Epidemic Threaten Economic Growth?",*Journal of Econometrics*,77：105-124.
〔2〕 Beyrer,C.,*War in the Blood：Sex,Politics,and AIDS in Southeast Asia*,1998.
〔3〕 Cohen,S. and Luvsansambhuu(2002),*Mongolia：Peer Education Among Recruits of the Mongolian Armed Forces*,UNFPA Case Study,UNFPA,New York.

一些原因解释了为什么艾滋病感染情况在军队和维和部队中特别严重。据联合国艾滋病规划署所称,在部队服役的成员基本上都是年轻男女,他们认为自己不会受到伤害。[1] 服役计划以及驻外部署使他们与家庭分离,而且服役士兵收入稳定,比他们周围人群富裕得多,也更有能力支付性交易或者吸引那些愿意同他们发生性关系的人。平民认为军队和维和部队成员很有权力和权威,这也使得同军队和维和部队成员发生性关系更具吸引力。[2]

到目前为止,本章已经讨论了亚洲地区艾滋病感染率的程度和影响。尽管艾滋病已经很好地受到控制,而且在越发达的国家治疗就越容易,在拥有大量发展中国家的亚洲地区,任何关于非传统安全问题的讨论都必须包含艾滋病问题。南亚、东亚和东南亚的大部分国家的社会经济状况与撒哈拉以南的非洲相似,也促使了艾滋病的传播。潜在可能感染艾滋病的人口数目大大超过了已经感染艾滋病的人口数目,这意味着在未来十年中,艾滋病问题会是亚洲政府最重要的安全问题之一。接下来的部分将讨论艾滋病问题安全化的框架。

艾滋病问题安全化的框架

本部分讨论"安全化行为体",特别是可能促进安全化的"言语行为"和艾滋病问题安全化的指标。这一分析也指出了在正常政策范围内采取或者指定干扰和安全化因素比较困难,该分析以泰国这样已经在安全化艾滋病问题上走了很长一段路,并且正在采取步骤认真对待艾滋病的一些亚洲国家的经验为根据。本章最后部分将讨论亚洲国家艾滋病安全化问题的一般过程。

---

[1] UNAIDS(Joint United Nations Program on HIV/AIDS)(2003), *On the Front Line*, *A Review of Policies and Programs to Address HIV/AIDS Among Peacekeepers and Uniformed Services*, UNAIDS, Geneva.

[2] *Ibid.*

安全化行为体

中央政府必须承担起针对控制艾滋病作出有效反应的首要责任。中央政府确定国家的首要任务，往往有合法性和权力动员各界人士，并且控制了对抗艾滋病的大部分必需资源。虽然中央政府是安全化过程中的"启动行为体"，但是这一过程中还有另外两组非常关键的"安全化行为体"。

首先是"催化行为体"，即那些必须积极劝导政府将艾滋病问题进行安全化的行为体。艾滋病并不是一个轻易能够自身就安全化的议题。艾滋病病毒较长的潜伏期以及伴随艾滋病的污名都在很大程度上造成了政治因素不愿同艾滋病有关联，而且也不愿提出任何能够更积极地响应这个问题的方案。[1] 从此方面看，"催化行为体"在安全化过程中十分关键。"催化行为体"必须已经清楚地确认艾滋病是一个安全问题。如同世界银行、世界货币组织或者其他中央政府，这些对各中央政府有巨大影响力的行为体在劝导一国政府将艾滋病问题安全化方面发挥着特别重要的作用。事实上，美国政府已经开始这样做，布什总统签定了《美国领导抗击艾滋病、肺结核和痢疾 2003 议案》（H. R. 1298）。美国政府也通过与艾滋病相关的政府和多边机构的双边协商发挥作用。[2]

其次是"实施行为体"，即在有效的安全化过程中起关键作用的行为体。他们是一些中央政府以外的行为体，他们将会是建立实施关于控制艾滋病传播政策的必备条件。地方政府和非政府组织都是第二类"实施行为体"的重要构成者。在一些亚洲国家，社会关心是通过其他政府或者半政府组织而不是非政府组织体现的。艾滋病安全化的一个关键点就是中央政府要建立政府、地方政府和重要的非政府组

〔1〕 Piot, P., *AIDS: The Need for an Exceptional Response to an Unprecedented Crisis*, 2003.

〔2〕 Thompson, D., "Pre-empting an HIV/AIDS Disaster in China", 2003.

织/政府组织抗击艾滋病合作协调的联动机制。

地方政府、中央政府和独立的非政府组织并非完全意见一致。地方政府和联邦政府已经明确地界定了在卫生领域的权限并且激烈地反抗其他方面对它们权限领域的侵犯。非政府组织和政府在公共问题应如何控制方面往往意见相悖。但是,有效地控制艾滋病需要这三方面因素的相互合作和相互协调。[1]

非政府/政府组织、中央政府和地方政府之间的相互协调和相互合作防止了活动的重复,也促使了更加有效地使用资源。地方政府往往在控制艾滋病感染方面联系群众并与群众合作有独特的能力和经验。[2] 同样的,与在中央政府相比,当地群众特别是乡镇群众在地方政府里能够更容易地说明他们对政策决策者的需求。地方政府也往往有更具体的机构来展开工作。

例如在中国,地方政府在建立尊重艾滋病感染者权利的法规方面更具亲和力且效率更高。如 2002 年中国东部的江苏省苏州市颁布了一项特殊的法规,规定了艾滋病感染者的权利和义务,为法律上处理遭受不公平待遇的艾滋病受害者的案例提供了依据。[3] 中央政府在三年前就已经草拟了一份相似的法规,但是至今没有颁布。预计在将此草拟的法规交由国务院和全国人民代表大会并得到最后批准通过之前,卫生部还要花费一定时间组织官员和专家进行修订。

非政府/政府组织在遏制艾滋病感染方面也有特别的能力,它们

〔1〕 UNAIDS (Joint United Nations on HIV/AIDS)(2003), *Co-ordination of National Responses to HIV/AIDS*, *Guiding Principles for National Authorities and their Partners*, UNAIDS, Geneva.

〔2〕 Kelly, K. (2003), *Supporting Local Government Responses to HIV/AIDS: Positions, Priorities and Respensibilities*, Center for AIDS Development, Resarch and Evaluation, Grahamstown, South Africa.

〔3〕 China Daily(2003), *China Fights Agaist AIDS*, press release from Beijing Joint Working Team for SARS, China Daily, Beijing. Available at < http://antisars. qianlong. com/8639/2003-8637-8630/8027@ 977215. htm>(accessed on 20 December 2003).

在一些国家中是控制艾滋病的先驱者。[1] 非政府组织往往有特殊途径接触性工作者或者注射毒品滥用者,而这些人群传播艾滋病至普通人群以至他们的行为在一些国家的法律下构成了犯罪行为。除此之外,在抗击艾滋病方面,政府同独立的非政府组织之间的合作比扩大政府机构的花费要少很多。[2]

在印度,非政府组织比政府机构早很多年就已经开始着手处理艾滋病问题,并且对那些高危人群也有非常丰富的工作经验。这一点已经被印度国家艾滋病规划署认可:"灵活性以及创新的途径使得非政府组织能够接触到广大感染人群,但是对政府机构来说这一点很难做到。非政府组织甚至往往能够真实地体现最边缘、最脆弱人群的需求。"[3]印度国家艾滋病规划署已经开始了一些计划,在这些计划中,它通过非政府组织接触高危人群。

尽管非政府/政府组织在处理艾滋病问题上非常重要,但是也要注意到公开地致力于抗击艾滋病并代表携带艾滋病病毒人群或个人的非政府/政府组织在安全化过程中,它们是"实施行为体"中必须的也是弥足珍贵的力量。很少有其他"言语行为"对广大人民群众的说服力如同携带艾滋病病毒的人群特别是携带艾滋病病毒的社会名流一样大。携带艾滋病病毒的人群也提供了关于个体行为需求和心理的见解,很少有其他行为体能够如此促成控制艾滋病的有效政策的制定。[4]

"实施行为体"中的第三类是宗教组织。在柬埔寨,自 1998 年起,

〔1〕 Bensmann, V. (2003), *The Response to HIV/AIDS in Conflict Situations: A Research Study into Rwanda, Burundi and Eastern DRC*, Save the Children, UK.

〔2〕 World Bank(1999), *NGO Participation in HIV/AIDS Control Project in Brazil Achieves Results*, Social Development Notes, Note 47.

〔3〕 NACO(National AIDS Coordinating Agency)(2004), *HIV/AIDS: The Indian Scenario*, NACO, New Delhi.

〔4〕 UNAIDS(Joint United Nations Program on HIV/AIDS)(1999), *Form Principle to Practice, Greater Involvement of People Living with or Affected by HIV/AIDS*, UNAIDS, Geneva.

一个由僧侣建立并经营的宗教组织"瓦特·诺丽和平组织"（Wat
Norea Peaceful)开始资助艾滋病孤儿并致力于淡化艾滋病携带者所
面临的污名。重要的一点是，他们也协助参与政策制定进程，并促成
了三年艾滋病战略的提出。该组织也在神学院开展倡导性培训讨论
会的活动。同样地，在泰国，僧侣通过"僧伽梅塔项目"（Sangha Mehta
Project)，在出诊期间提供咨询服务并照顾大量艾滋病病毒携带者。
他们也培训其他僧侣和尼姑关于艾滋病的信息，帮助设立资助小组，
培训乡镇居民如何预防艾滋病及照顾艾滋病孤儿。

鉴于宗教组织为公众服务的历史悠久、它们的道德权威以及在一
些情况下所掌握的财政和机构资源，宗教组织现在已经在控制艾滋病
方面较好地树立了其重要性。[1] 在向普通群众传播艾滋病是一个安
全问题这一信息上，宗教组织的这些特点显得非常有用。将宗教组织
纳入到"实施行为体"中也十分关键，因为这种机构可能会传播一些与
安全化艾滋病问题相悖的信息，如鼓励人们不使用避孕套。

"实施行为体"中的第四类是媒体。科菲·安南在 2004 年 1 月对
全世界领导者的发言中指出，"在艾滋病的世界，沉默意味着死亡"。
在泰国，大众媒体对哨兵调查结果的广泛传播被认为是泰国艾滋病政
策发展的重要催化剂之一。[2] 商业大众媒体的独立性也被认为增加
了政府关于艾滋病信息的可信度。根据曼谷的一家国际艾滋病预防
机构的一名代表所说，"大众媒体为改革社会规范来抗击艾滋病所需
的国家政策对话提供了唯一的平台"。[3] 一个同样有力的可传达艾

〔1〕 Green,E. (2001), *The Impact of Religious Organizations in Promoting HIV/ AIDS Prevention*, revised version of paper presented at Challenges for the Church: AIDS, Malaria &.TB, Christian Connections for Interrnational Health, Harvard School of Public Health,Arlington;Liebowitz,J. (2002), *The Impact of Faith-Based Organizations on HIV/ AIDS Prevention and Mitigation in Africa*, Health Economics and HIV/AIDS Research Division(HEARD),University of Natal,Natal.

〔2〕 AIDSCAP(AIDS Control and Prevention Project managed by Family Health International(FHI))(2003), *The Evolution of HIV/AIDS Policy in Thailand* 1984—1994, Working Paper No. 5,Policy Unit,AIDSCAP.

〔3〕 *Ibid*.

滋病严重程度的途径就是通过电影、戏剧以及影星的个人吸引力。像印度这类好莱坞电影已经进入绝大部分居民视野的国家,大众极有可能从媒体的进一步涉入中受益匪浅。

最后,商业部门和工会也是重要的"实施行为体"。艾滋病正如本章之前所提,是一种主要影响处于生殖高峰阶段人们的疾病。商业部门和工会是接触处于危险中的人群的重要节点,[1]私人企业往往也能够提供重要的但是极度匮乏的财政和管理资源来实施有效的艾滋病计划。

以上讨论的几组"安全化行为体",如表 2-4 所示。

安全化过程中所涉及行为体的复杂范围说明这一问题安全化过程也同样复杂。这些过程的讨论如下。

表 2-4　艾滋病安全化的行为体

启动行为体	催化行为体	实施行为体
中央政府	国际机构 其他中央政府	地方政府 非政府/政府组织 宗教组织 媒体 私人企业 工会

安全化过程:劝导和协商机制

哥本哈根学派指出,安全化过程同语言学的"言语行为"相似,"通过说一些话,完成了一些事情(例如打赌、许下承诺以及给一艘船命名)。"[2]进一步描述"言语行为"时,布赞等指出:"安全的言语行为并非只是说出安全这个词,关键在于指出存在需要紧急行为或者特殊措施的威胁,并使得重要的听众接受这种指定。"[3]

---

〔1〕 ILO(International Labor Organization)(2001),*The Labour Market and Employment Implications of the HIV/AIDS Epidemic*,report for the Governing Body,Committee on Employment and Social Policy,Geneva.

〔2〕 Buzan,B.,Wæver,O. and de Wilde,J. (1998),*Sercurity: A New Framework for Analysis.* Lynne Rienner,Boulder,CO. ,p.26.

〔3〕 *Ibid.*, p.27.

"言语行为"的进一步描述或者例子是有限的,而"言语行为"的精确特征对于哥本哈根学派而言,依然在某种程度上模糊不清。哥本哈根学派也没有详尽地讨论那些"言语行为"的实施者,即"安全行为体",因而这样的模糊仍然在一定程度上可预计到。"言语行为"的特征紧密地同做出这些行为的人或者群体相联系,并且在很大程度上由它们的来源和对它们"重要听众"的影响所形成。依据之前关于"安全化行为体"的讨论,本章确定了艾滋病特有的安全化过程的四个步骤。

这里阐述的一个关键过程是,交流必须发生在中央政府(发起行为体)与广大群众之间。很大程度上以此过程为特色的言语(政治领导者)紧密地与哥本哈根学派所描述的"言语行为"相符。但是,安全化的其他过程,特别是"催化行为体",与中央政府之间的过程以及政府与"实施行为体"之间的过程不能贴切地与"言语行为"相符。虽然哥本哈根学派没有详尽指出"言语行为"的构成部分,但是仍然暗示了信息的单边传递即"言语"。中央政府与"催化行为体"之间的重要过程以及中央政府与"实施行为体"之间的重要过程有可能通过互动过程成功地加以控制,其间涉及说服和协商。就此而言,本章讨论了艾滋病特有的安全化过程,使用了范围更广的术语——"说服以及协商的过程"。言语行为可能被认为是这种更广泛的交流中的一部分。

如上所述,安全化的关键过程即政府通过此过程向更广泛的人群传播关于艾滋病威胁的信息。各个级别的政治领导特别是高级别领导在公共场合的常规活动和话语在安全化过程中至关重要。在一些亚洲国家,相似的过程已经展开,而且已经在抗击艾滋病方面有着特别有效的贡献。柬埔寨的政治领导者由于其在国内控制艾滋病感染方面所起的作用受到广泛赞誉。柬埔寨总理洪森已对艾滋病的严重程度做过定期声明,例如"艾滋病比战争更加严重"。美国负责卫生科学的助理国务卿也指出,在泰国,"国家领导者通过艾滋病对社会可导致的潜在破坏的预测作出有意识的决定,不仅要国家领导者讲出来,更要让部长级官员尽其责……让整个政府谈论这些……这使得社会其他部门——如宗教社团和商业社团——的领导者仿效他们"。[1]

　　安全化过程的第二个和第三个步骤必须发生在"催化行为体"和中央政府以及中央政府和"实施行为体"之间。国际机构如联合国已经努力鼓励各中央政府通过在高级别场合讨论艾滋病问题来抗击艾滋病,其中最著名的是 2001 年联合国大会关于艾滋病的特别会议。世界银行和世界货币组织致力于鼓励中央政府通过坚持有效地将抗击艾滋病计划纳入减贫战略规划来采取针对艾滋病的行动,[2]它们也坚持调节并评估中央政府与其他国家利益共享者之间为抗击艾滋病形成的伙伴关系。其他国家政府,如美国,已将对外援助同受援国对艾滋病作出全国性的有效应对相挂钩。[3]

　　中央政府可能采用各种机制与"实施行为体"进行交流,并影响它们参与到安全化过程中。各种行为体能够聚集阐述自己的观点并致力于相互合作与相互协调的会议是非常重要的第一步。同时也应该注意到,中央政府往往控制着流向地方政府的资源。[4] 在一些情况下,中央政府需要依赖地方政府来提供资源。中央政府也在一些情况下为政府机构、非政府机构和宗教机构提供资金,政府机构、非政府机构和宗教机构、媒体、工会和商业机构在很大程度上受益于在它们工作中得到中央政府的支持。[5] 鉴于这些群体之间的大部分协商情

　　[1] Porter, C. (2004), *Leadership, Commitment are Key to Confronting HIV/AIDS*. Available at <http://usembassy. state. gov/tokyo/wwwhglo20021129al. html>(accessed on 20 January 2004).

　　[2] IMF(International Monetary Fund)/World Bank(1999), *Building Poverty Reduction Strategies in Developing Countries*, IMF/World Bank, Washington D. C. 贫苦减少战略规划是世界银行和国际货币基金组织现在用于为大量发展中国家提供援助和减免贷款的机制(IMF/World Bank,1999)。

　　[3] Radelet, S. (2003), "Bush and Foreign Aid", *Foreign Affairs*, September/October, pp. 104-117.

　　[4] Rueschemeyer, D. and Evans, P. (1985), "The State and Economic Transformation, Towards an Analysis of the Conditions Underlying Effective Intervention", in P. Evans, D. Rueschmeyer, and T. Skocpol (eds.), *Bringing the State Back In*. Cambridge: Cambridge University Press, pp. 44-77.

　　[5] Schmitter, P. and Streeck, W. (1981), *The Organization of Business Interests*, discussion paper, Wissenschaftzentrum Berlin(WZB), Berlin.

况,其中一个群体与另外一个群体关系的历史背景以及对它的相对影响可能会构成劝导可能的"实施行为体"加入安全化艾滋病问题的动态过程中。

在中国,政府意识到缺乏关于艾滋病紧急状况的广泛宣传,决心鼓励媒体反映艾滋病的严重情况。[1] 在中央政府的一些通知中也已经命令严重受艾滋病影响的区域内的所有地方政府将艾滋病问题区分优先次序,并建立艾滋病预防及治疗工作委员会。[2]

第四个过程涉及"实施行为体"与更广泛人群之间的互动,广泛地传播艾滋病严重情况的信息。这个过程在某种程度上同中央政府与普通群众之间的交流相似,因为这个过程也涉及大量的"言语行为"以及"实施行为体"的活动。但是,由于很多"实施行为体"相较更容易接触普通人群,这个过程可能会涉及与普通人群更多的交流,并且也包含草根阶层的讨论和会议。

在每个方案中,安全化的各种阶段以及可能运用到的劝导和协商的特有机制,如表 2-5 所示。

表 2-5 艾滋病:安全化过程与劝导和协商机制

安全化过程	劝导与协商机制
中央政府与普通人群	言语、活动
中央政府与催化行为体	有条件地供给资源、关于艾滋病高级别的公开讨论
中央政府与实施行为体	有条件地供给资源、关于艾滋病高级别的公开讨论
实施行为体与普通人群	言语、活动、草根会议、讨论

资料来源:Ilavenil Ramiah,"Securitizing the AIDS Issue in Asia", in Mely Caballero-Anthony,*et al.*(eds.)(2006),*Non-Traditional Security in Asia:Dilemmas in Securitization.* Hampshire:Ashgate Publishing Limited,p. 157.

---

[1] "China Responds to AIDS,HIV/AIDS Situation & Needs Assessment",*AVERT*, November 1997.
[2] Yardley,J.(2004),"China Announces Plan to Curb Rapid Spread of AIDS",*New York Times*,9 May.

安全化的指标

安全化的最终目标应该是提高关于艾滋病的意识、改变普通人群的行为,并且提高那些已经受艾滋病影响的人的生活质量。这种改变的指标应该包括大量的统计数据,如国家/次国家的艾滋病感染增长率以及获得的伤残调整生命年(Disability adjusted life years, DALYs)。[1] 但是,应该注意到,这种目标不能马上实现或者可观察到。虽然意识、行为的改变以及生活质量的提高是长期有效的指标,但本章确定的是一系列短时期内在监测和适应安全化过程方面有用的指标。

重要的一点是,要注意到建议中的干预不包括控制艾滋病传播所需的全部努力。本章的重点是抗击艾滋病所必需的最关键的进程中的一部分,以及通过有效的安全化过程能够实现的发展,包括建立新结构、新伙伴关系、新战略以及新资源流动体系等方面的重大改变和发展。这些改变被认为是由政治领导及中央政府的承诺所带来的,同样这也是中央政府与"实施行为体"之间强有力的伙伴关系所形成的结果。

首先,建立一个由权威当局负责设立的针对艾滋病的政策形成和协调的工作十分关键。[2] 建立这样一个机构非常重要,因为现在那些已经超负荷而且相对死板的行政部门可能不能提供有效控制艾滋病所必需的专门性紧急行动。虽然政府可能尝试通过常规的官僚和政府机构"快速追击"艾滋病问题,但是它们必须通过大量不可避免的过程来"快速追击",同时也受到政府关于雇佣、分配资金和解决方案

---

〔1〕 Roberts, M. , William, H. , Berman, P. and Reich, M. (2003), *Getting Health Reform Right* , *A Guide to Improving Performance and Equity*. Oxford: Oxford University Press.

〔2〕 UNAIDS (Joint United Nations Program on HIV/AIDS), Co-ordination of National Responses to HIV/AIDS, Guiding Principles for National Authorities and their Partners, 2003; Piot, P. , *AIDS: The Need for an Exceptional Response to an Unprecedented Crisis* , 2003.

的各种相关机构性规定的限制。建立一个相对没有这些机构性规限的全国性权威机构，对处理中央政府在控制艾滋病时所面临的一些关键挑战是大有裨益的。

虽然这种权威机构必须由中央政府形成，且必须具备的一个关键特点是它应有多部门授权。实际上，虽然一些国家已经在世界卫生组织的建议下建立了这种全国性的权威机构，但是这种机构在形成多部门授权时并不是十分有效。非政府/政府组织以及地方政府在形成有效的政策反应时特别重要，也必须被确认为中央政府在控制全国艾滋病权威机构中的正式伙伴。任何伙伴不能寻求这种全国性艾滋病权威机构的优先地位。就此而言，这种权威机构在超越任何关键行为体之中现存的阻力方面也可能非常有用，并且也可作为一个抗击艾滋病的中立机构。[1] 此权威机构也应该延伸扩张，并且保持同其他（如商业机构、宗教机构和媒体）"实施行为体"的可联系性。

有效安全化的第二个关键指标就是建立一个推动所有伙伴结成联盟的全国性艾滋病行动框架。虽然这可能显然应是控制即将来临的艾滋病传播的第一步，但是很少有国家能够建立一个推动所有伙伴结成联盟并且包含控制艾滋病各种重要方面的策略。[2] 一旦一个有多方授权的有效的全国艾滋病权威机构建立起来，这个问题可能就会部分得到解决，而权威当局也预计可能形成一个推动所有伙伴达成联盟的行动框架。

在这种框架必须包含的各种问题中，有两个问题十分重要，且需要社会和政治因素之间广泛的合作与协调。涉及解决这些问题的证据也同样是安全化过程中的重要指标。首先，这种框架应该强调并且

---

〔1〕 UNAIDS (Joint United Nations Program on HIV/AIDS), Co-ordination of National Responses to HIV/AIDS, Guiding Principles for National Authorities and their Partners, 2003.

〔2〕 Piot, P., AIDS: The Need for an Exceptional Response to an Unprecedented Crisis, 2003.

确定那些将艾滋病问题划入国家发展重要议程的方法和机构。证据包括纳入艾滋病、艾滋病的影响以及在众多垂直部门中控制艾滋病的可能策略。艾滋病问题必须纳入如同减贫战略文章(PRSPs)等国家发展报告中,而且艾滋病必须是中央政府同国际伙伴交流中的当务之急。在获得病因即逆病毒和其他资源方面,积极说服世界贸易组织(对很多国家而言)和相关中央政府也是有效划分艾滋病问题的指标。

第二,行动框架必须强调建立国家标准化的预防、诊治和治疗艾滋病的协调与评估活动。大部分国家缺乏一个常规的协调与评估操作框架,这也妨碍了有效提高包括确保质量、全国性监督以及政策改变所需协调与评价的充足的手段,[1]这一点对国家行为体以及国际捐赠者的投资特权来说,一直都十分困难。社会与政治伙伴之间在这个问题上达成共识以及标准化的协调与评价系统的操作是安全化过程中的第四个指标。

本章此部分谈论到的安全化框架的各个部分总结如表 2-6。

表 2-6　艾滋病的安全化框架的因素

安全化行为体		劝导与协商机制	安全化指标
催化行为体	国际机构		艾滋病感染率降低
	其他政府		建立全国性艾滋病机构
启动行为体	中央政府	行为;活动;资源的限制性供给;高级别公共场合下关于艾滋病的讨论;草根会议与讨论	建立推动所有伙伴形成联盟的艾滋病行动框架
实施行为体	地方政府		将艾滋病议题归入全民发展议程
	非政府/政府组织		
	宗教组织		
	媒体		
	私人企业		
	工会		建立全民协调与评估系统

---

〔1〕　UNAIDS(Joint United Nations Program on HIV/AIDS), Co-ordination of National Responses to HIV/AIDS, Guiding Principles for National Authorities and their Partners, 2003.

亚洲国家艾滋病问题安全化的进步

可能已经有很多亚洲国家在处理艾滋病问题时遵循以上安全化过程中的部分过程以及安全化的指标。作为安全化行为体的很多行为体也十分积极地涉入艾滋病问题的处理上,非常成功地控制艾滋病传播问题,在艾滋病问题安全化方面做出长期努力的一个亚洲国家就是泰国。泰国的中央政府因其使国家按战时编制处理艾滋病传播问题而得到广泛赞誉。[1] 调动广泛的社会和国际资源,以及领导层将艾滋病列入紧急事务并积极应对的持续努力,已经产生积极的影响,泰国开始经历艾滋病感染病例以及相关死亡数目减少的阶段。(参见表 2-2)

其他与非政府机构以及广泛涉及教导普通群众艾滋病知识的宗教机构紧密合作的亚洲政府也在上文中被提及。许多亚洲国家也已经形成了针对艾滋病的全国性协调机构,其中很多国家已经试图将多方投入纳入这些机构。在可认为是促进安全化的过程中,东盟国家于2001 年 11 月采纳了第七届东盟峰会关于艾滋病的声明,号召成员国家"强化区域机制,增加并优化利用支持联合区域行动的资源"。

2004 年 5 月,中国政府发布的一项防治艾滋病的"四免一关怀"政策中,要求在很大程度上调动社会资源和财政资源。贫困地区和城乡地区的"四项免费"政策为"艾滋病孤儿"提供了免费检测、免费治疗、免费就学,并为孕妇实施免费治疗以防止母婴传播艾滋病病毒。为实施这项新政策,中国政府采用将国家的资源投入到政府和社会其他部门的方法。如果新政策能够实施,中国将由艾滋病政策最闭塞的亚洲

---

[1] Porrapakkham,Y. ,Pramarnpol,S. and Athiboddhi,A. (1995),*The Evolution of HIV/AIDS Policy in Thailand 1984 1994*. ASEAN Insititute for Health Development,Mahidol University,Thailand.

国家成为世界上艾滋病政策最好的国家。

这些都是艾滋病的安全化进程中令人振奋的重要发展,对于很多中央政府进一步迅速地系统化以及发展一套综合过程及动议也是非常重要的,这包括所有或者很多安全化因素以及以上讨论的过程和指标。虽然它们很可能会这样做,像泰国这样的一些国家已经为达到这个目标经过了长期的努力,但这一点在很多国家仍然不明显。

安全化也很有可能会受益于部分政府内部的一致性。

显而易见,在 2001 年《缅甸时报》一次罕见的访问中,国家和平与发展委员会第一秘书科门·奈特(Khm Nyunt)说道:"艾滋病是一个国家性的问题。如果我们忽视它,它将成为毁灭整个人类种族的灾难。"紧接着,他也指出缅甸是一个保守的宗教社会,在公众场合下提倡使用避孕套与其国家文化相悖。在印度,政府调拨了比尔及梅林达·盖茨基金会资助的一亿美元用以抗击印度的艾滋病问题。[1] 政府因所谓的捐助是基于毫无根据的印度艾滋病感染病例数目而恼火,印度政府的反应也否认了印度艾滋病的严重程度,向广大平民传递了让人困惑的信号。但是即便是在政府承认有大量艾滋病病例的国家,对于这些资源能够为处理艾滋病带来的重要益处也很少得到承认。

结 语

本章阐述了为什么对于南亚、东南亚以及东亚国家来说,艾滋病是一个安全问题,并提出了艾滋病问题安全化的框架。正如之前提及,艾滋病不是一个能够很容易或者迅速地出现在政策议程上的问题。正如彼得·皮奥特[2]所指,"艾滋病在人类的经历中是独特的。很多疾病和

---

[1] Harding,L. (2002),"India Rebuffs Bill Gates in AIDS Row",*Guardian*,*London*, 11 November.

[2] Executive Director of UNAIDS and Under Secretary-General of the United Nations.

自然灾害建立它们自己的野蛮式平衡,它们之间的自我调节机制最终会使社会能够成功地加以应付。但艾滋病目前来看并非如此"。[1]

在这一背景中,"安全化"的概念有巨大潜力。本章所指出的具体指标、过程和行为体主要与艾滋病相关,但是,在更广泛的"安全化行为体"群体中,特别是"催化行为体"和"实施行为体"的作用可能对广泛的非传统安全问题也适用。如果一个问题需要安全化,可是那些有能力应对的政府至今都没承认这一问题的严重性,这时"催化行为体"是必需的。很少有问题能够仅仅依靠中央政府或者任何机构来处理,一群"实施"合作者可能比哥本哈根学派所提倡的通过局限性地讨论这些因素的方式更重要。相应地安全化过程将不仅涉及由某一行为体施加的单边信息,更涉及对社会和政策伙伴之间交流重要的更广范围的劝导和协商机制。

虽然本章指出了安全化框架的各个方面,但这只是初步尝试。特别是在亚洲国家,关于各种社会和政治群体之间的相互合作与相互协调的进一步研究在确定更加全面适合亚洲的框架方面将非常有用。这种研究也可能从最近一些亚洲国家处理艾滋病问题政策上可喜的发展中受益。亚洲能够发展综合性策略并完全地安全化艾滋病问题的速度对防止艾滋病在未来几十年对该区域可能带来严重灾难十分重要。

参考文献

Abrams,S. (1998),"HIV Southeast Asia", *Harvard AIDS Review*,Fall. Available at <http://www. hsph. harvard. edu/hai/publications/har/fall_1998/fall98-2html> (accessed on 23 May 2001).

AIDSCAP(AIDS Control and Prevention Project managed by Family Health Internation-

[1] Piot,P. , *AIDS: The Need for an Exceptional Response to an Unprecedented Crisis*,2003.

al(FHI))(2003),*The Evolution of HIV/AIDS Policy in Thailand* 1984-1994,Working Paper No. 5,Policy Unit,AIDSCAP.

AWOG(African Women Global Network)(2000),*Proceedings of the Second International Conference on HIV/AIDS*,Africa and African American Health in the New Millennium,Columbus,Ohio,October, pp. 26-28.

Anand,K. ,Pandav,C. and Nath,L. (1999),"Impact of HIV/AIDS on the National Economy of India",*Health Policy*,47 : 195-205.

Arndt,C. and Lewis,J. (2000),*The Macroeconomic Implications of HIV/AIDS in South Africa：A Preliminary Assessment*. World Bank,Washington.

Barnett,T. and Whitside,A. (2002),*AIDS in the 21st century：Disease and Globalization*. Palgrave Macmillan,New York.

Bensmann,V. (2003),*The Response to HIV/AIDS in Conflict Situations：A Research Study into Rwanda ,Burundi and Eastern DRC*,Save the Children,UK.

BER(Bureau of Economic Research)(2001),*The Macroeconomic Impact of HIV/AIDS in South Africa*,BER,Stellenbosch.

Beyrer,C. (1998),*War in the Blood：Sex,Politics,and AIDS in Southeast Asia*. Zed Books,London.

Beyrer,C. (2001),"Accelarating and Disseminating across Asia",*Washington Quarterly*,Winter, pp. 211-225.

Beyrer,C. (2004),*AIDS in Asia*,Asia Society,New York.

BIDPA(Botswana Institute for Development Policy Analysis)(1999),*The Economic Impact of AIDS in Botswana*,Working Paper 10,BIDPA,Gaborone.

Bloom, D. and Mahal, A. (1997), "Does the AIDS Epidemic Threaten Economic Growth?",*Journal of Econometrics*,77 : 105-124.

Bloom, D. and Sevilla,J. (Riverpath Associates)(2001),*Health,Wealth ,AIDS and Poverty-The Case of Cambodia*. Available at <http://www. adb. org/Documents/Reports/HW_Cambodia/HWCAM. pdf>(accessed on 21 January 2004).

Bonnel,R.(2000),"HIV/AIDS and Economic Growth：A Global Perspective",*South African Journal of Economics*,68 : 820-855.

Buzan,B. ,Wæver,O. and de Wilde,J. (1998),*Security：A New Framework for Analysis*,Lynne Rienner,Boulder,CO.

Carballo,M. ,Mansfield,C. and Prokop, M. (2000),*Demobilization and its Implica-*

tions for HIV/AIDS,International Center for Migration and Health,Geneva.

CDC(Center for Disease Control)(2001),"China,India may face HIV/AIDS Catastrophe",*The Body*,7 July.

CDC(Center for Disease Control) /U. S. Department for Health and Human Services (2001),*Report of an HIV/AIDS Assessment in China*,National Center for HIV,STD and TB Prevention.

Chatterjee,P. (2003),"Mother-to-Child Transmission in India",*Lancet Journal for Infectious Diseases*,December,3/12 : 744.

China Daily(2003),*China Fights Against AIDS*,press release from Beijing Joint Working Team for SARS, China Daily, Beijing. Available at <http://antisars. qianlong. com/ 8639/2003-8637-8630/8207@977215. htm>(accessed on 20 December 2003).

"China Responds to AIDS,HIV/AIDS Situation & Needs Assessment",*AVERT*,November 1997.

Chinese Ministry of Health(2003),*AIDS Situation and Progress on Prevention Work in China* 2002. Chinese Ministry of Health,People's Republic of China,Beijing.

Christensen,A. (2002), *Truckers Carry Dangerous Cargo*. Global Health Council, Washington D. C.

CIRA(Center for Interdisciplinary Research on AIDS)(2003),*Epidemiology of HIV/ AIDS in India*. CIRA,Yale University,New Haven.

Cohen,D. (2002), *Human Capital and the HIV Epidemic in Sub-Saharan Africa*. HIV/AIDS and the World of Work Program,ILO,Geneva.

Cohen,S. and Luvsansambhuu(2002),*Mongolia: Peer Education Among Recruits of the Mongolian Armed Forces*. UNFPA Case Study,UNFPA,New York.

Cornia,G. and Zagonari,F. (2002),*AIDS,Public Policy and Child Well Being: The HIV/AIDS Impact on the Rural and Urban Economy*. UNICEF,New York. .

Cuddington,J. and Hancock,J. (1993),"Modeling the Macroeconomic Effects of AIDS, With an Application to Tanzania",*World Bank Economic Review*, 7 : 173-189.

Cuddington,J. and Hancork,J. (1994),"Assessing the Impact of AIDS on the Growth Path of the Malawian Economy",*Journal of Development Economics*, 43 : 363-368.

Cuesta,J. (2001), *AIDS,Economic Growth and the HIPC Initiative in Honduras*. Honduras Country Office,UNDP,Honduras.

Desai,V. ,Khosambia,J. and Thakur,H. (2003),"Prevalence of Sexually Transmitted

Infections and Performance of STI Syndromes Against Aetiological Diagnosis, in Female Sex Workers of Red Light Area in Surat, India", *Sexually Transmitted Infections*, 79 : 111-115.

Dixon, S. , McDonald, S. and Roberts, J. (2001), "HIV/AIDS and Development in Africa", *Journal of International Development*, 13/4 : 391-409.

Durban MAP Symposium Report(2000), *The AIDS Pandemic at the Start of the 21st Century*. Durban MAP Symposium, Durban.

Eberstadt, E. (2002), "The Future of AIDS", *Foreign Affairs*, November/December. Available at < http://www. foreignaffairs. org/20021101faessay9990/nicholas-eberstadt/the-future-of-aids. html>(accessed on 9 June 2005).

FHI(Family Health International)(2003), *Behavioral Surveillance Survey in Healthy Highway Project*. FHI, Durham.

Fletcher Forum of World Affairs(2003), "HIV/AIDS and Development: The U. S. Response", *Fletcher Forum of World Affairs*, Summer/Fall. Available at < http://flecter. tufts. edu/forum/27-2pdfs/Natsios. pdf>(accessed on 9 June 2005).

Foreman, M. (2002), *HIV/AIDS Infection in the Military*. Healthlink Worldwide/PANOS AIDS Program, London.

Gangakhedkar, R. , Bentley, M. , Divekar, A. , Gadkari, D. , Mehendale, M. , Shepherd, M. , Bollinger, R. and Quinn, T. (1997), "Spread of HIV Infection in Married Monogamous Women in India", *Journal of the American Medical Association*, 278/23 : 2090-2092.

Gill, B. and Morrison, S. (eds.)(2003), *Averting a Full Blown HIV/AIDS Epidemic in China*. Center for Strategic and International Studies, Washington D. C.

Gomare et al. (2002), *Adopting Strategic Approches for Reaching Out to Inaccessible Populations*, paper presented at the XIV International AIDS Conference, Barcelona.

Green, E. (2001), *The Impact of Religious Organizations in Promoting HIV/AIDS Prevention*, revised version of paper presented at Challenges for the Church: AIDS, Malaria & TB, Christian Connections for International Health, Harvard School of Public Health, Arlington.

Guinness, L. and Alban, A. (2000), *The Economic Impact of AIDS in Africa. A Review of the Literature*, background paper prepared for the African Development Forum 2000, Addis Ababa.

Gupta, I. , Panda, S. and Motihar, R. (2003), *HIV/AIDS and Development in India. Background Study for the Swedish Country Strategy for India* 2003-2007, Swedish International Development Agency,Stockholm.

Harding,L. (2002),"India Rebuffs Bill Gates in AIDS Row",*Guardian*,London,11 November.

Hereward,M. ,Ionita,G. ,Li,J. ,Yuan,J. ,Zhang,J. ,Stewart,W. and Li,X. (2002), "Limiting the Future Impact ofHIV/AIDS on Children in Yunnan", in G. Cornia (ed.), *AIDS, Public Policy and Child Well-Being* , UNICEF, Florence. Available at ＜http://www. unicef-icdc. org/research/ESP/aids/chapter9. pdf ＞(accessed on 9 June 2005).

ILO(International Labour Organization)(2000),*HIV/AIDS in Africa: The Impact on the World of Work*. Report for the African Development Forum 2000,Addis Ababa.

ILO(International Labour Organization)(2001),*The Labour Market and Employment Implications of the HIV/AIDS Epidemic*. Report for the Governing Body,Committee on Employment and Social Policy,Geneva.

IMF(International Monetary Fund)/World Bank(1999),*Building Poverty Reduction Strategies in Developing Countries*. IMF/World Bank,Washington D. C.

IMF(International Monetary Fund)/World Bank(2002),*Review of the Poverty Reduction Strategy Paper(PRSP)Approach: Main Findings*. IMF/ World Bank,Washington D. C.

"India Must Act to Prevent Tens of Millions of HIV Cases", *Kaiser Network* , 25 July 2003.

Jamison,D. ,Sachs,J. and Wang,J. (2001),*The Effect of the AIDS Epidemic on Economic Welfare in Sub-Saharan Africa* , Commission on Macroeconomics and Health,WHO, Geneva.

Kambou,G. ,Devarajan,S. and Over,M. (1992),"The Economic Impact of AIDS in an African Country: Simulations with a Computable General Equilibrium Model of Cameroon", *Journal of African Economies* ,1 : 109-130.

Kaufman,J. (2002),"AIDS in China: The Time to Act is Now",*Science*,28 June, pp. 2239-2340.

Kelly,K. (2003),*Supporting Local Government Responses to HIV/AIDS: Positions Priorities and Responsibilities*. Center for AIDS Development,Research and Evaluation, Grahamstown,South Africa.

Kootikuppala,S. *et al.* (2002). "Sexual Lifestyle of Long Distance Lorry Divers in India",*British Medical Journal* ,318 : 162-163.

Lewis,S. (2003),*The Lack of Funding for HIV/AIDS is Murder by Complacency*, prepared for press briefing, U. N. , New York.

Liebowitz, J. (2002), *The Impact of Faith-Based Organizations on HIV/AIDS Prevention and Mitigation in Africa.* Health Economies and HIV/AIDS Research Division (HEARD), University of Natal, Natal.

NACO(National AIDS Coordinating Agency)(2004), *HIV/AIDS: The Indian Scenario*, NACO, New Delhi.

Nicholls, S. *et al.* (2000), "Modeling the Macro-economic Impact of HIV/AIDS in the English Speaking Caribbean", *Journal of South African Economics*, 68/5 : 916-932.

Pharoah, R. and Schonteich, M. (2003), *AIDS, Security and Governance in Southern Africa: Exploring the Impact*, ISS paper 65, Institute of Security Studies, Pretoria.

Piot, P. (2003), *AIDS: The Need for an Exceptional Response to an Unprecedented Crisis*, a Presidential Fellow's Lecture to the World Bank, Washington D. C.

Policy Project(2003), *HIV/AIDS in the Mekong Region, Current Situation, Future Projections, Socioeconomic Impacts, and Recommendations*, June, Washington D. C.

Population Foundation of India(2003), *HIV/AIDS in India*, Population Foundation of India, New Delhi. Available at <http://www. popfound. org/publication. htm>(accessed on 20 January 2004).

Porrapakkham, Y. , Pramarnpol, S. and Athiboddhi, A. (1995), *The Evolution of HIV/AIDS Policy in Thailand* 1984-1994, *ASEAN Insititute for Health Development.* Mahidol University, Thailand.

Porter, C. (2004), Leadership, Commitment are Key to Confronting HIV/AIDS. Available at <http://usembassy. state. gov/tokyo/wwwhglo20021129al. html>(accessed on 20 January 2004).

Radelet, S. (2003), "Bush and Foreign Aid", *Foreign Affairs*, September/October, pp. 104-117.

Rau, B. (2002), *Intersecting Risks: HIV/AIDS and Child Labour Inequality Reinforces Child Labor and HIV infection*, ILO, Geneva.

Robalino, D. , Jenkins, C. and Maroufi, K. (2002), *Risks and Macroeconomic Impacts of HIV/AIDS in the Middle East and North Africa: Why Waiting to Intervene Can Be Costly.* World Bank, Washington.

Roberts, M. , William, H. , Berman, P. and Reich, M. (2003), *Getting Health Reform Right, A Guide to Improving Performance and Equity.* Oxford: Oxford University Press.

Rueschemeyer, D. and Evans, P. (1985), "The State and Economic Transformation, Towards an Analysis of the Conditions Underlying Effective Intervention", in P. Evans, D. Rueschmeyer, and T. Skocpol(eds.), *Bringing the State Back In*. Cambridge: Cambridge University Press, pp. 44-77.

Schmitter, P. and Streeck, W. (1981), *The Organization of Business Interests*, discussion paper, Wissenschaftzentrum Berlin(WZB), Berlin.

Schneider, M. and Moodie, M. (2002), *The Destabilizing Impacts of HIV/AIDS*. Center for Strategic and International Studies(CSIS), Washington D. C.

Solomon, S. and Ganesh, A. (2002), "HIV in India", *Topics in HIV Medicine*, 10/3, pp. 19-24.

Thompson, D. (2003), "Pre-empting an HIV/AIDS Disaster in China", *Seton Hall Journal of Diplomacy and International Relations*, IV/2: 29-44.

Ugada Country Statement(2000), *AIDS: The Greatest Leadership Challenge*, prepared for the Africa Development Forum 2000, Addis Ababa.

UNAIDS(Joint United Nations Program on HIV/AIDS)(1998), *AIDS and the Military. A UNAIDS Point of View*, UNAIDS, Geneva.

UNAIDS(Joint United Nations Program on HIV/AIDS)(1999), *From Principle to Practice. Greater Involvement of People Living with or Affected by HIV/AIDS*, UNAIDS, Geneva.

UNAIDS(Joint United Nations Program on HIV/AIDS)(2001), *Population, Mobility and AIDS. UNAIDS Technical Update*, UNAIDS, Geneva.

UNAIDS(Joint United Nations Program on HIV/AIDS), IPS(Insititution of Policy Studies)/PAHO/(2001), *NGOs the Driving Force Behind Public Policy on AIDS*. Available at <http://www. ipsnews. net/aids/page_7. shtml>(accessed on 20 January 2004).

UNAIDS(Joint United Nations Program on HIV/AIDS)(2002), *Human Resources and Sustainable Development. An Overview Report on HIV's Impacts on Human Resources*, UNAIDS, Genneva.

UNAIDA(Joint United Nations Program on HIV/AIDS)(2002), *HIV/AIDS in Asia*, UNAIDS, Geneva.

UNAIDS(Joint United Nations Program on HIV/AIDS)(2003), *AIDS Epidemic Update* 2003, UNAIDS, Geneva.

UNAIDS(Joint United Nations Program on HIV/AIDS)(2003), *On the Front Line. A*

Review of Policies and Programs to Address HIV/AIDS Among Peacekeepers and Uniformed Seriverces,UNAIDS,Geneva.

UNAIDS(Joint United Nations Program on HIV/AIDS)(2003),*Co-ordination of National Responses to HIV/AIDS. Guiding Principles for National Authorities and their Partners*,UNAIDS,Geneva.

UNAIDS(Joint United Nations Program on HIV/AIDS)/WHO(World Health Organization)(2002),*HIV/AIDS in India.* Report of the Working Group on Global HIV/AIDS and STI Surveillance,UNAIDS/WHO,Geneva.

UNICEF(United Nations Children's Fund)(2000),*The Progress of Nations 2000*, UNICEF,New York.

UNICEF(United Nations Children's Fund),UNAIDS(Joint United Nations Program on HIV/AIDS),USAID(United States Agency for International Development)(2002),*Children on the Brink: Strategies to Support Children Isolated by HIV/AIDS*,UNICEF/UNAIDS/USAID.

UNICEF(United Nations Children's Fund)(2003),*What Parliamentarians Can Do About HIV/AIDS: Action for Children and Young People*,UNICEF,New York.

USAID(United States Agency for International Developmenton)(2003),*India: Country Profile*,USAID,Washington D. C.

VHS(Voluntary Health Services)(1999),*AIDS Control and Prevention Project. Annual Report*,VHS,Chennai.

WHO(World Health Organization)(2001),*HIV/AIDS in the Asia and Pacific Region*,WHO,Geneva.

WHO(World Health Organization)(2001),*Perspectives on the PRSP*,report presented at PRSP Review Seminar Series,World Bank,Washington D. C. ,October 18.

WHO(World Health Organization)(2002),*HIV/AIDS in the Asia and the Pacific Region*,WHO Face Sheet,WHO,Geneva.

WHO(World Health Organization)(2003),*HIV/AIDS in the Asia and Pacific Region*,WHO,Geneva.

Williamson,J. (2000),*Finding a Way Forward: Principles and Strategies for Intervention.* Available at ＜http://www. iaen. org/impact/williamson. pdf＞(accessed on 27 May 2001).

World Bank(1999),*India's National AIDS Control Program*,World Bank,Washington

D. C.

World Bank(1999),"NGO Participation in HIV/AIDS Control Project in Brazil A-chieves Results",*Social Development Notes*,Note 47.

World Bank(2002),*AIDS and the Development Paradigm in India*. Available at <http://www. worldbank. org/SAR/sa. nsf/Countries/India/03546DDEB7EC0AA885256B> (accessed on 20 January 2004).

World Bank(2003),*The Msunduzi Municipal AIDS Strategy: South Africa*. Available at <http://www. worldbank. org/urban/hivaids/bestpractice. htm#south-africa>(accessed on 7 Jan. 2004).

World Vision(2003),*AIDS Threatens to Spread to General Population*,Worldview Update,Geneva.

Wu,Z. (2002),*Epidemics and Impacts of AIDS and Strategies for Control in P. R. China*. National Center for AIDS/STD Control and Prevention,Beijing.

Wurst,J. (2000),*Health Asrica-UN Security Council-Breaking Tradition-Takes up AIDS*. Inter-Press Service.

Yardley,J. (2004),"China Announces Plan to Curb Rapid Spread of AIDS",*New York Times*,9 May.

第三章　南亚的安全化矩阵：孟加拉移民问题

普里扬卡·乌帕德亚雅

Priyankar Upadhyaya

引　言

　　过去 20 年间,世界政治格局不断变化,尤其是世界范围内冷战的结束,给主导国际和国家安全的传统观念带来巨大变化。从军事方面考虑,国家至上的安全观念正在不断接受一系列观点的挑战。批判理论不仅吸收了后现代主义和女权主义的思想,它和安全研究的核心产生了根本分歧。从该理论出发,在主流安全话语体系内,我们也有新的安全思维。新思维一直谋求通过吸纳那些影响国家、群体、个人和非国家组织的社会性威胁来扩大对安全问题的磋商。安全研究的"后两极复兴"时代在很大程度上归因于新型挑战,如民族中心主义的暴力狂潮、行将覆灭的政权、大规模的跨界移民、跨国犯罪、健康危害、人权问题、性别和环境顾虑以及食品和水安全。[1]

　　这不是说基于现实主义和新现实主义的传统安全研究已经发生了根本性的改变。事实上,一些传统安全研究的倡导者坚持认为,尽

---

〔1〕　重新审视后两极时代的论著有:Walt, S. M. (1991), "The Renaissance of Security Studies", *International Studies Quarterly*, 35/2：211-239;Buzan, B. (1991), "New Patterns of Global Security in the Twenty-First-Century", *International Affairs*, 67/3：431-451;and Kolodziej, E. A. (1992), "What is Security and Security Studies? Lessons from the Cold War", *Arms Control*, 13/1：1-31.

管 20 世纪 90 年代"关于安全研究讨论的大好形势已不再,即便传统安全发生了些许变化,传统安全研究还是一直在继续".[1] 但是决策者、市民社会和学者们很难忽略给予从经济、环境威胁到身份、文化问题等一系列非军事和非国家层面的安全以前所未有的重视,这就导致了主流安全话语的不断变化。

很明显,为了应对 21 世纪的挑战,安全概念必须得到扩大,而不能仅局限在国家的安危,应该关注公民生活起居的基本安全需要。然而,现实主义的范式缺少理论工具来分析以身份认知为基础的冲突,也无法找到解决冲突的有效政策。正如福阿特·柯伊曼(Fue Te Keyman)恰当地评论道:"目前为止,现实主义视角不足以解决问题,因为它把国家当作主要行为体,焦点也仅限于国家间关系。由于忽视了经济与文化因素,现实主义将安全的潜在原因归结为无政府的国际秩序。"[2]总体而言,我们也会同意彼得·卡赞斯坦(Peter Katzenstein)的说法。他说:"安全研究不应该仅局限于国家和军事安全问题,但是也不是指所有与个人和团体有直接或间接关系的暴力问题——这样就过于宽泛了。如果研究的角色和问题与国家和军事重要性问题有某些可论证的联系,比较宽泛的安全研究则能够加入国家安全的传统分析方法。"[3]

哥本哈根学派及其安全化理论致力于扩大安全研究的范围,并取

〔1〕 Knudsen,O. F. (2001),"Post-Copenhagen Security Studies: Desecuritizing Securitization",*Security Dialogue*,32/3：355.

〔2〕 Keyman,E. F. (1997),*Globalization, State, Identity/Difference: Towards a Critical Theory of International Relations*. New Jersey: Humanities Press, p. 210.

〔3〕 Katzenstein,P. J. (1996),"Conclusion: National Security in a Changing World", in P. J. Katzenstein(ed.),*The Culture of National Security: Norms and Identity in World Politics*. New York: Columbia University Press, p. 525.

得了显著成果。[1] 在巴里·布赞、奥利·维夫及其同事的大力宣传下,安全化理论正因其在当前安全研究中最具创造性、最富效率性,同时也饱受争议而受到欢迎。[2] 尽管安全化理论还不成熟,但已经显现出重大潜力,它能够将非传统安全问题并入一个有活力的安全研究框架中。然而不足之处是,许多概念和分析性视角仅源于欧洲经验,而且仅狭隘地指向一些地缘政治区域。[3]

很明显,我们需要在概念和实证层面去更广泛地研究安全化和去安全化(desecuritization)是如何在不同情况下运作的。谁是安全化和去安全化过程的有效行为体? 他们的政治、心理目标以及意图是什么? 安全化过程中的指涉对象是什么? 谁又是影响安全化过程、执行、机制和指标的行为体? 这一过程又是怎么实现的?

在应对非军事挑战过程中,对如何使问题安全化或去安全化有一个更好的理解,将十分有利于决策者和分析家。对非欧洲区域的研究将有利于检验安全化理论框架的价值。这些概念和实证研究不得不允许扩展和重新定义安全化理论分析工具的可能性。

本章案例的分析解析了如非法移民这类非传统安全问题的安全化矩阵——这一视角还没有被用于探讨后殖民时代南亚的问题。[4] 这一视角推动以及催化、激励着各方政治力量解决国家安全方面的疑

---

〔1〕 Buzan, B. (1997), "Re-thinking Security After the Cold War", *Cooperation and Conflict*, 32/1: 5-28; Wæver, O. (1995), "Securitization and Desecuritization", in R. D. Lipschutz(ed.), *On Security*. New York: Columbia University Press, pp. 46-86; and Buzan, B., Wæver, O. and de Wilde, J. (1997), *Security: A New Framework for Analysis*. Lynne Rienner, Boulder, CO.

〔2〕 Williams, M. C. (2003), "Words, Images, Enemies: Securitization and International Politics", *International Studies Quarterly*, 47/4: 511.

〔3〕 比如,奥利·维夫对欧洲国家在融合过程中如何避免安全化问题方面做了大量研究。参见 Wæver, O. (1995), "Identity, Integration and Security: Solving the Sovereignty Puzzle in EU Studies", *Journal of International Affairs*, 48/4: 389-431.

〔4〕 布赞特别在社会安全方面提到了非法移民:"X 人由于受到 Y 人的影响而膨胀或者稀释,由于人口身份变化,X 部落将会改变原来的样子(比如汉族人涌入西藏、俄罗斯人进入爱沙尼亚)。"参见 Buzan, B., Wæver, O., and de Wilde, J., *Security: A new Framework for Analysis*, 1997, p. 121.

难问题,而且它在观察此类问题是如何成功安全化非法移民问题,并且在何种程度上对其起作用具有指导意义。另外,该视角回答了去安全化过程是否有助于提出策略来解决此地区大量人口移动的问题。本章主要致力于对过境移民的普遍原因分析,也将用于制定战略,使问题去安全化从而引向公众视野。亚非地区的安全化过程往往追求一时的政治收益,这一视角能够有效地指明去安全化的精确路线。这将极大丰富去安全化作为长期政治目标——研究的方法论,尽管哥本哈根学派还没有对这一目标做详细勾画。

安全化:动态框架

哥本哈根学派在自己的研究领域摆脱了现实主义(和新现实主义)将传统的国家看成是唯一的安全指涉对象。哥本哈根学派强调国家安全和社会安全的密切联系,而社会安全则与身份和文化等问题密切相关。[1]

这反过来又创造了一个多角度来分析军事、政治、经济、社会和环境等安全维度。战争的隐喻因此扩大,超出了国家安全的范畴,勾画出哥本哈根学派提出的五个安全组成部分。奥利·维夫指出:"挑战、抵制(防御)逐步升级直至最终战败的战争逻辑可能延伸并在其他领域重演。不管什么时候发生,游戏本身的结构都源于最传统的事

[1] 尽管该观点受到"冻结身份和社会观念"的指责,他们对外宣称时确实没有对"身份不是一个社会因素,而是一个过程"这一观点给予相应地尊重。参见 Albert, M. (1998),"Security as Boundary Function: Changing Identities and Securitization in World Politics", *The International Journal of Peace Studies*,13/1,available at <http://www.gmu.edu/academic/ijps/vol3_1/Albert.htm>(accessed on 21 August 2004); McSweeney,B. (1996),"Identity and Security: Buzan and the Copenhagen School",*Review of International Studies*,22/1:68-78. 对此的反驳,参见 Buzan, B. and Wæver,O. (1997),"Slippery? Contradictory? Sociologically Untenable? The Copenhagen School Replies",*Review of International Studies*,23/2:241-250.

件——战争。"[1]通过质疑国家机器在处理威胁和国家安全日程方面
的唯一垄断,安全化方式确保将非传统安全纳入既有的安全框架内。
这样,"安全"就可以以这种被反复强调的逻辑或者按照巴里·布赞所
说的"特殊的修辞结构"来书写。[2] 此种发展似乎弥补了国家中心论
与对人的安全的关心之间的鸿沟的可能性。为了回应这种需要,印度
的一位意见领袖很精确地评论道:"国家固然重要,国民的尊严同样不
可忽视。"[3]

　　安全化手段并没有将安全理解为一种客观情况,而认为是一种确
切的社会进程即极端政治化的产物。安全化手段依赖的是社会建构
主义对于时下安全形势的分析,而时下的安全形势正好提供了一个阐
释社会事件如何建构的动态框架。这样,它探讨了有影响的政治和军
事势力如何根据自身的优先考虑和利益对一件事情在安全层面做出
定义。此种构想揭开了所谓存在性威胁和赋予安全问题神圣不可侵
犯本性的外衣。"安全化的言语行为"将简单事件升级为存在性威胁,
进而为"紧急措施"和采取不经过正常政治步骤的行动找到正当理
由。[4] 作为"言语行为"的安全的概念化涉及"一套特殊的依赖于制
度性的共同理解的历史话语和实践"。[5] 奥利·维夫如是评论道:
"以安全为借口,任何国家都会采取特殊的发展模式加以应对,最终获
得使用某种手段的权力。"安全化框架因而使得在政治辩论及论证合
法化范围内批评和转变安全化行为成为可能。[6]

〔1〕　Wæver,O.,"Securitization and Desecuritization",1995.

〔2〕　Buzan,B.,"Re-thinking Security After the Cold War",1997,p. 14.

〔3〕　Venkatachaliah,M. N.(Former Chief Justice of India)(1997),a speech presented at *Proceedings of World Congress on Human Rights*,Institute for World Congress on Human Rights,India International Center,New Delhi,21-22 November.

〔4〕　Buzan,B.,Wæver,O. and de Wilde,J.,*Security: A New Framework For Analysis*,1997,pp. 23-24.

〔5〕　Krause,K. and Williams,M. C.(1996),"Broadening the Agenda of Securities Studies: Politics and Methods",*Mershon International Studies Review*,40/2∶243.

〔6〕　Wæver,O.,"Identity,Integration and Security: Solving the Sovereignty Puzzle in EU Studies",1995,p. 55.

相应地,去安全化为受排挤和容易发生暴力事件的社会提供了万全之策。克劳迪娅·阿拉多(Claudia Aradau)非常重视去安全化和安全化的二元关系,她发现,长期去安全化已经被赋予了积极的含义,"好"的去安全化行为获得的支持远远高于"坏"的安全化行为。[1] 然而,依然有怀疑论者提出,安全化本身的逻辑并不能确保为人类的基本需要提供公平的环境。它可能勾勒出某些事件安全化的过程,但是它规避了一些识别规范目标和理念的事件,而此类事件往往能够听到边缘化的声音。[2]

安全化:后殖民的语境

在不稳定的后殖民国家,国内的政治考虑就像一个透镜,正是通过它来判断外界的威胁。我们可以假设,言语行为和威胁认知之间是双向关系。[3] 相应地,言语行为本身很可能构建威胁,反之,威胁也可能引导言语行为。这里需要一个试金石来弄清威胁是真的存在还是主体间的建构。因为在后殖民的国家里,国家精英们很容易即刻唤起"安全言语行为",让永久性的威胁继续发挥作用,这在亚洲许多民主国家是一个普遍的政治趋势。这一趋势不仅很好地迎合了国内选举的政治意图,而且有利于转移注意力来平息国内骚乱,以及用来限制民主权利和以国家安全名义发展军队。为了反对此种情形,"去安全化过程"将有效转化安全化议题,使其由紧急模式或者"威胁防御结

---

〔1〕　Aradau,C. (2001),"Beyond Good and Evil: Ethics and Securitization/Desecuritization Techniques",*Rubikon*,E-Journal. Available at <http://venus. ci. uw. edu. pl/~rubikon/forum/claudia2. htm>(accessed on 10 August 2004).

〔2〕　Hansen,L. (2000),"The Little Mermaid's Silent Security Dilemma and the Absence of gender in the Copenhagen School",*Millenium*,29/2：285-306.

〔3〕　Buzan,B. ,Wæver,O. and de Wilde,J. ,*Security: A New Framework For Analysis*,1997,pp. 173-174.

果"转化为正常的政治程序。

通过长期艰苦的国家建设，欧洲的民族国家已经解决了内部的安全挑战，它们着眼于应对威胁国家核心利益与价值观的能力，并在这一背景下理所当然地给安全下了定义。

国家作为安全的唯一指涉对象，是本国公民安全的保障。[1] 不像欧洲的民族国家，许多后殖民国家依然在努力建设有活力的民族国家，这些国家往往不是保障国民安全，国家本身就是建设过程中不同企业和权力角斗的场所。[2] 这种现象在南亚地区表现得尤为明显，[3] 该地区充斥着大多数精英、军队压迫下的少数派和背井离乡的灾民。他们的记忆里充满了暴力隔离、共同体分离和血肉模糊的人民。桑卡兰·克里希那（Sankaran Krishna）由此发现，潜藏在后殖民时代的民族主义下的同质虚构或者同质冲动是产生隔离的罪魁祸首，而隔离带来的只有无休止的派系斗争。[4] 这种国家建构的情况自始至终非常重视国家的统一和国土疆界。结果，边界内和周围的居民相比之下则变得次要或不值一提。在此背景下，南亚的政治和军事力量常常积极寻求破坏国土统一的异邦敌人作为权宜之计。[5] 很明显，对于这些疆界不稳固的南亚国家来说，处理安全隐患要比稳定的西方民主政体困难得多。这就导致了这些国家更倾向于使在社会层面本

〔1〕 比库·帕里克（Bhikhu Parekh）很好地表述了"国家主义"路径的核心假定："保护公民是国家专有的责任，而国家就是国家自己的事。"引自 Wheeler, N. J. and Bellamy, A. J. (2001), "Humanitarian Intervention and World Politics", in J. Baylis and S. Smith(eds.), *The Globalization of World Politics: An Introduction to International Relations*. Oxford: Oxford University Press, p. 473.

〔2〕 Behera, N. C. (2001), *Discourse on Security: South Asia Perspectives*. Research Monographs, No. 3, Malaviya Center for Peace Research, Banaras Hindu University, Varanasi, p. 3.

〔3〕 南亚包括印度、巴基斯坦、孟加拉国、斯里兰卡、不丹、尼泊尔和马尔代夫。

〔4〕 Krishna, S. (2000), *Postcolonial Insecurities: India, Sri Lanka and the Question of Nationhood*. Oxford: Oxford University Press, p. 242.

〔5〕 用 Finlay, Holsti, and Fagen 的话说，"……如果他们不是易于利用的，我们就创造他们……敌人的角色比起那些普遍的角色更固定"。引自 Murray, S. K. and Meyers, J. (1999), "Do People Need Foreign Enemies? American Leaders Beliefs After the Soviet Demise", *Journal of Conflict Resolution*, 43/5：555-559.

可解决的问题安全化。

南亚的跨界移民

南亚是强迫移民的典型地区,在这些国家,强迫移民影响了国家安全。从次大陆分裂之时,越境人流已经成为该地区的一个不稳定因素,使整个地区陷入安全隐患,不断困扰着学者和公务人员。

主要强调国家安全意义的国家中心的分析趋向于忽视"国家疆界是如何划分、最终如何敲定,从而使不同群落共同生活在此区域"的观点。[1] 以后殖民时代第三世界的许多矛盾为例,该地区是世界上第四大难民聚集地,还有同样多的无国籍移民和国内背井离乡者。[2]该地区的越境运动是经济、历史和环境因素共同作用的结果。非法或者无证移民已经成为南亚国家结构中的一个顽症。在英国统治时期和1971年孟加拉国紧急事件之后确定的国家疆界为跨界的民族语言和民族宗教提供了可渗透的区域,这一区域为跨境移民提供了现成通道。最近几十年,有成百上千万移民主动或被迫跨越国境。一些人背井离乡是为了谋求好的生计,一些则是被迫逃离国内斗争、保全生命。环境恶化、自然灾害,如饥荒、洪灾、土地退化、沙化、水资源危机和植被破坏也是迫使人们背井离乡的原因。移民们受到原住地/目的地"推动"和"吸引"的作用离开被破坏的家乡,建立网络使迁移活动变得简单。

国土边界两边的人民有共同的语言、宗教和民族认同,跨境加入

---

[1] Samaddar, R. (1998), "Ethnicity, Fragmented Politics and Labour Market in South Asia Issues in Transborder Migration", in A. K. Banerji(ed.), *Security Issues in South Asia: Domestic and External Sources of Threats to Security*. Minerva Publications, Calcutta, p. 174.

[2] Bose, T. K. and Manchanda, R. (eds.)(1997), *States, Citizens and Outsiders: the Uprooted Peoples of South Asia*. South Asia Forum for Human Rights, Kathmandu, pp. 1-13.

相似的群落对他们来说一点都不奇怪。[1] 南亚国家不仅没有山脉、河流等天然边界，也没有充足的后勤能力来控制人口迁移入境。在勘定印度和巴基斯坦疆界的时候，一边被划入东巴基斯坦，另一边的西孟加拉和阿萨姆被东巴基斯坦和印度的一些州吞并。尽管如此，边界两边的人民在经济和宗教方面还是有很强的认同感。整个事件被描述为不友好的占有或孤立。印度和巴基斯坦两国都承受了相应的后果，这一事件在未来只能通过印度和巴基斯坦协商解决。随着平民暴力和自然灾害的增加，流离失所的移民已经成为地方性的顽疾。而且，南亚各国没有有效的系统来鉴定本国公民。没有强制执行的出生人口登记措施，也没有要求地主和城市雇主对其员工进行身份核查。印度最近才开始初步实施公民登记制度。

印度历史上经常出现大规模孟加拉人跨过 4096 千米长的边界进入印度。[2] 自从印度采取隔离措施之后，孟加拉侨民不管是否持有有效证件，都会跨越国境。孟加拉危机期间，有将近 100 万孟加拉难民流入印度避难。在危机解除后，大部分难民返回孟加拉，但是仍有相当数量的难民依然留在印度，直到成为印度社会主流人群中的一部分。1975 年，穆吉布被暗杀后不久，孟加拉又开始了大规模移民，一直延续到齐亚拉·赫曼（1975—1981）统治时期。[3] 政局动荡和社会局势紧张是产生印度移民狂潮的主要原因。人口分布失衡，尤其是在孟加拉国，印度少数民族的人口密度大约是每平方千米 780 人，这一数

---

〔1〕 有许多屋子一半在印度，另一半在孟加拉的例子。参见 Gupta, B. D. (1999)，"Fencing No Hindrance to Intruders"，*The Hindu*，23 August.

〔2〕 印度和孟加拉国的边界长达 4096 千米。

〔3〕 Datta, P., Sadhu, S., Bhattarchaya, B. N. and Majumdar, P. K. (2004)，"Undocumented Migration from Bangladesh to West Bengal"，*Population Studies Unit*. Articles No. 1402, India Statistical Institute, Kolkata. Available at <http://www.ipcs.org/ipcs/militaryIndex.jsp? military=1012&status=article&mod=b>(accessed on 30 Jaly 2004).

目是印度疆界内数目的一半,这是另一个推动原因。[1] 印度人口日益减少可能取决于在孟加拉国的印度人平均十年的人口增长量。[2]

　　在此期间以及后来,孟加拉移民则要归因于国家贫穷。孟加拉国是世界上最穷、人口密度最大的国家之一。即便如此,每年依然有280万人口出生。孟加拉国的人口激增是由于农民人口悄悄侵入,受迫害的印度教徒和寻求美好生活的流亡的穆斯林继续跨境。过境的移民还包括因丈夫去世或生病而被贩卖的妇女,她们中的大部分要么离婚要么守寡。[3]

　　经济萧条、工业化水平低、社会动乱、人口激增、政局动荡、孟加拉原教旨主义的主导、文化相似性和孟加拉西部同一民族气候都是移民现象的刺激因素。[4] 高文盲率、高出生率以及妇女地位低下导致无法控制人口的增长,这一增长又反过来使局势更加恶化。[5] 孟加拉国妇女所处的经济地位骇人听闻,使她们很容易成为毒贩子们的猎物。她们受到毒贩子们的欺骗,从事不合法的工作,并且与毒贩子们结婚。在印度,据估计,从事色情服务的妇女中大约有 2.7% 来自孟加

---

　　[1]　Pathania, J. M. (2003), *India & Bangladesh-Migration Matrix-Reactive and not Proactive*, paper No. 632, South Asia Analysis Group. Available at <http://www. ipcs. org/ipcs/militaryIndex. jsp? military= 1012&status = article&mod = b> (accessed on 30 July 2004).

　　[2]　据调查,孟加拉人口按照 24% 的十年增长率发展下去,孟加拉人口应该早就达到 14.7 亿了,很明显,这些人穿越过境,定居在了印度。参见 Jamwal, N. S. (2004), "Border Management: Dilemma of Guarding the India-Bangladesh Border", *Strategic Analysis*, 28/1: 12.

　　[3]　Sikder, M. J. U. (2003), "Women's Participation in Informal Cross-Border Trade", paper presented at *Proceedings of National Seminar on Women in Challenging Situations in Bangladesh*. Refugee and Migratory Movement Research Unit, Cirdap, Dhaka, 23-24 July, pp. 24-26.

　　[4]　Datta, P. (2004), "Push-Pull Factors of Undocumented Migration from Bangladesh to West Bengal: A Perception Study", *The Qualitative Report*, 9/2: 335-358. Available at <http://www. nova. edu/sss/QR/QR 9-2/datta. pdf> (accessed on 13 August 2004).

　　[5]　Amin, R., Chowdhury J. *et al*. (1998), "Reproductive Change in Bangladesh: Evidence from Recent Data", *Asia-Pacific Population Journal*, 8/4: 39-58.

拉国。[1] 1994 年的《人类发展报告》指出，孟加拉国的单位国民生产总值仅 1.8%，相比之下印度是 3.1%。另外，过快的人口增长及洪水等自然灾害驱使贫穷的孟加拉人过境寻求好的生活。[2] 全球变暖使孟加拉国面临海平面上升的困扰，这很可能加剧国内的资源短缺，从而促使受到生态影响的移民跨越国境。[3]

一个存在性威胁的剖析

对于印度各州来说，孟加拉国的移民狂潮简直就是一个存在性的威胁。尽管没有精确估计有多少非法移民生活在印度境内，仍有危言耸听者沉醉于使用过于夸张的修辞来强调移民带来的公众安全隐患。

早在 2004 年 7 月 14 日，印度内务大臣斯里普拉卡什·贾伊斯瓦尔在议会中宣称，仅阿萨姆一地就有将近 500 万孟加拉移民。[4] 后来在 7 月 23 日的议会中，另一位内务大臣马尼克·劳·噶温特澄清说，他同事的言论没有事实依据，只是道听途说。[5] 鉴于以上言语行为，阿萨姆的一位知名学者评论道："正值阿萨姆纷乱之际，一些人说印度东北部有 2000 万或 4000 万移民。然而东北部现在的总人口才

〔1〕 Banerjee, U. D. (2002), "Globalisation, Crisis in Livelihoods, Migration and Trafficking of Women and Girls: The Crisis in India", Nepal and Bangladesh, paper presented at an international conferenee on "Women, Work and Health"in Stockholm, June. Available at ＜http://www. qweb. kvinnoforum. se/misc/trafupala. rtf＞(accessed on 13 August 2004).

〔2〕 Hugo, G. (1995), "Illegal International Migration in Asia", in R. Cohen, (ed.), *The Cambridge Survey of World Migration*. Cambridge: Cambridge University Press, pp. 397-402.

〔3〕 Ericksen, N. J., Ahmad, Q. K. and Chowdhury, A. R. (1999), "Socio-economic Implications of Climate Change for Bangladesh", in R. A. Warrick and Q. A. Ahmad(eds.), *The Implication of Climate Change and Sea Level Rise in Bangladesh*. Boston: Kluwer Academic Publishers, pp. 205-287.

〔4〕 "Migrant tally belies Gogoi claim", *The Telegraph*, 15 July 2004.

〔5〕 "Center retracts claim on Bangladeshi", *The North East Tribune*, 24 July 2004.

将近 3500 万！此种情形真的言过其实。"[1]

当时的阿萨姆州长在准备的报告中称,1998 年,西孟加拉有 540 万孟加拉移民,阿萨姆 400 万,特里普拉邦 80 万,比哈尔、马哈拉施特拉邦和拉加斯塔邦各 50 万,德里较少,有 30 万。[2] 据另一份在印度最高法院公证下的书面材料预计,在 1972 年至 1998 年 10 月之间,总共有 1024322 名孟加拉侨民(667500 名印度教徒、349738 名穆斯林和 7084 名其他人员)持证进入印度疆界,但是他们延期或者滞留。在此期间,总共有 573334 名孟加拉侨民,其中包括 161077 名印度教徒、408349 名穆斯林和 3908 名其他人员,曾被侦查到潜入印度境内并最终被遣送回国。[3] 尽管孟加拉政府始终拒绝承认本国居民大量移民印度,但是在其 1991 年的人口普查报告中曾谈及人口流失这一特有现象,当时最初估计有 1000 万,后来改为 800 万,其中印度教徒 173 万、穆斯林 627 万。[4] 最近,印度国防部的报告称,每月平均有超过 10 万孟加拉移民进入印度。[5] 孟加拉国是世界上最穷、人口密度最大的国家之一,其爆炸性的人口增长为这些跨境移民提供了动因。

印度根据其政治和安全意图对移民现象采取多样回应措施。比如在后隔离时代,印度政府放宽政策,曾一度出现移民狂潮。而在 1965 年印度与巴基斯坦就喀什米尔地区开火后不久,印度开始限制东部的人口迁移。但是孟加拉国的自由斗争使印度开放了边境,同族的孟加拉难民数目扩大到骇人听闻的 1000 万。无独有偶,1974 年在穆吉布·拉赫曼被暗杀之后,印度的移民政策发生了根本性变化。随着

〔1〕 Hazarika,S. (2002),"Illegal Migration from Bangladesh: Problem and Long-term Perspective",*Dialogue*,3/3:29.

〔2〕 Bhawan,R. (Governor of Assam)(1998),*Illegal Migration into Assam*,report submitted to the President of India,Guwahati,8 November,pp. 2-12.

〔3〕 Supreme Court of India,*Writ Petition* (*Civil*),No. 125 of 1998 In the Matter of AIFCL & Another.

〔4〕 Ray,J. K. (2002),"Migration from Bangladesh to India",*Dialogue*,3/3:39.

〔5〕 Statement by Indian Defence Minister George Fernandez in Chandigarh quoted in "2 cr Bangladeshis in India",*The Tribune*,29 September 2003.

孟加拉国逐渐伊斯兰化,印度政府对踏上自己国土的孟加拉移民越加仇视。最近,南亚各国见证了不断升温的反移民浪潮。[1] 恐怖主义进一步削弱处理移民问题的民主规范,"9·11"事件之后尤甚。[2] 非法移民被看成国家安全的天然威胁,其本身也被认为从事跨国犯罪和非法倒卖军火以及毒品。越来越多的国家开始严守边疆。非法移民浪潮引起了混乱的政治争辩,已经成为政客和政治家们最青睐的政治借口。

印度现阶段反孟加拉移民的举动可以上溯到 20 世纪 70 年代末导致阿萨姆运动的反外国人浪潮。[3] 1979 年,阿萨姆选举名册的修订和对孟加拉侨民的调查给整个印度东北部带来了一股振动波。[4] 此举便于各政治团体和党派利用公众对非法移民的恐惧来赢得公共选区选民的支持。新成立的阿萨姆学生会有效利用广泛存在于阿萨姆人中间的关于被不断增多的外国移民边缘化的担心,使之最终变成少数民族的忧虑。尽管资源过度损耗和人口不断增多影响了当地社会的治安,全球化的不确定性使印度国民感觉印度就是"少数民族大联合"的国家。[5] 阿萨姆学生会旗下的暴民们通过杀人放火来泄心头之愤。排外浪潮一直持续了六年(1979—1985),最终以阿萨姆学生会在 1985 年的选举中获胜而告终。

---

〔1〕 西方评论家如 Robert D. Kaplan 和 Zbignew Brezensky 发现,越境人口是接下来无政府问题产生的前兆。

〔2〕 Loescher, G. (1995), "International Security and Population Movement", in R. Cohen(ed.), *The Cambridge Survey of World Migration*. Cambridge: Cambridge University Press; Weiner, M. and Russel, S. S. (eds.)(2001), *Demography and National Security*. New York: Berghen Books; Poku, N. and Graham, D. T. (eds.)(1998), *Redefining Security: Population Movements and National Security*. Praegar, London.

〔3〕 Weiner, M. (1993), "Rejected People and Unwanted Migrants in South Asia", *Economic and Political Weekly*, August 21: 1737-1746; Hazarika, S. (2002), *Rites of Passage: Border Crossings, Imagine Homlands, India's East and Bangladesh*. New Delhi: Penguin Books.

〔4〕 大约从 13 世纪开始,穆斯林就开始向阿萨姆地区迁移。参见 Saikia, A. (2002), "Global Processes and Local Concerns: Bangladeshi Migrants in Assam", *Dialogue*, 3/3: 100.

〔5〕 Das, S. K. (1997), *Regionalism in Power: The Case of Asom Gana Parishad 1985-1990*, Omsons, Delhi, pp. 64-165.

阿萨姆的发展对于周边所有国家都有示范作用。政治精英们批驳孟加拉移民的迁入打破了此地区的人口平衡,耗费了本来就稀缺的资源,并且危害了当地的社会和经济安全。那加兰邦政府同时担心当地居民会攻击非法移民,影响社会秩序。孟加拉移民大举迁入和他们对土地的渐渐掌控引起了当地居民的极度不满,造成了包括暗杀在内的各种暴力抗议。[1] 临近的特里普拉邦起义者也把矛头指向了孟加拉移民。事实上,由于人口分布的变迁,特里普拉邦现在只有 33% 的居民。孟加拉移民不仅分布在边界各州,而且不断向包括德里、孟买在内的印度北部各州迁移。

有证据显示,盘踞在印度东北部的非法移民和恐怖分子一直在协同从事走私等违法活动。印度政府担心移民会成为巴基斯坦派外情报机构手中的工具。[2] 印度人民党成员,印度外交部部长亚施旺特·辛哈指挥政府调查了孟加拉国内的反印活动,以及受孟加拉国庇护的基地组织成员。外国媒体曾报道过类似情况,我们的消息来源也能够证实此类报道。[3] 印度国内的动荡与孟加拉国内的激进化密切相关。最近一期的《远东经济评论》着重体现了印度的担忧:"伊斯兰原教旨主义,宗教不宽容,激进的穆斯林团体与国际恐怖组织勾结,强大的军事力量与激进分子联系,催生出激进学生的伊斯兰学校大量涌现,中产阶级冷漠无情,贫穷以及法制不健全——这一切结合起来可以颠覆这个国家。"[4]

从印度东北部各州开始,与外国人有关的事务已经演变成国内各

〔1〕 Gogoi,N.(2001),"Nagaland may face brunt of illegal migration from Bangladesh",*Rediff on Net*,27 March. Available at <http://www. hvk. org/articles/0301/119. html>(accessed on 30 July 2004).

〔2〕 Singh,P.(2002),"Management of India's North-Eastern Borders",*Dialogue*,3/3: 57-70.

〔3〕 Jha,S. K.(2003),"Time for Dhaka to Come Clean",*Asia Times*,6 February; Saikia, J.(2002),"The ISI Reaches East: Anatomy of a Conspiracy",*Studies in Conflict & Terrorism*, 25: 185-197.

〔4〕 Datta, S.(2002),"Indo-Bangladesh Relations: An Overview of Limitations and Constraints",*Strategic Analysis*,26/3: 430.

政治团体的事务，这些政治团体都积极反对孟加拉移民。事态发展还体现在名称的改变，原来的名字由移民变为侵入者和渗透者。事实上，在最近几十年中，这一事件在议会、报纸以及大街小巷的谈论中都广受争议。在 2003 年 2 月 17 日的联合议会上，印度总统卡拉姆就此事表示了自己的担忧，他说："孟加拉非法移民问题打破人口平衡，众多邦都受到影响。政府决心采取所有必要措施来改变此种情形。"[1]

毋庸置疑，移民问题给印度各迁入地区带来了严重影响。很明显，它增加了人力资本外部性的程度，而且给国内社会安全和稀缺资源带来负担。此举实际上是在稀释国内可利用的社会和人口资本，将导致失业、社会仇恨、局势动荡、法制混乱和两极分化等诸多问题。移民无法融入当地社会的情况也会在原住居民内部产生本土主义的感觉，从而大大增加二者冲突的可能性。因此，原住居民和移民很可能会根据"我们"和"他们"的概念来形成各自的认同群体。这种相互对抗的个人意象模式已经给印度边境各邦带来了一系列冲突问题。

事实上，历届孟加拉政府都没有积极解决这一问题。孟加拉外交部部长乔杜里发现，没有证据可以证明在印度有孟加拉的非法移民，因此隔离是毫无必要的。乔杜里指控印度组织并支持"独立孟加拉"运动，该运动一直致力于分解孟加拉国，以便建立一个独立的印度教徒的国家。此举是一种极端的颠覆主义。[2] 事实证明，许多从巴基斯坦和海湾各国回国的孟加拉移民进入印度寻求更多的经济机会，这给印度房主和雇主提供了廉价的劳动力。

---

〔1〕 Pathania,J. M. (2003), *India & Bangladesh-Migration Matrix-Reactive and not Proactive South Asia Analysis*. Group paper No. 632. Available at ＜http://www. saag. org/papers 7/paper b32. html＞(accessed on 29 June 2004).

〔2〕 Pocha,J. (2004),"India erecting a barrier along Bangladesh border：Targets terrorism,illegal migration", *The Boston Globe*,30 May. Available at ＜http://www. boston. con/news/world/acticles/2004/05/30/India＞(caccessed on 30 July 2004).

舶来的社会和人口焦虑

本案例是新兴的存在性威胁(印度国内的穆斯林人口激增)和非法移民问题相联系的典型例证。占主导地位的政治力量能够通过使印度伊斯兰化从而成功地将安全问题延伸到国内社会的各个层面。印度户籍总署办公室发布的最新数字显示,与其他宗教团体相较,阿萨姆的穆斯林人口呈均衡增长,仅次于查谟和喀什米尔地区(67%的穆斯林)。[1] 随着这些惊人的事实不断明朗化,有影响力的政治党派和团体如印度人民党和阿萨姆学生会再一次提高了赌注,重申了外国移民将最终压倒原住居民的担忧。[2]

印度东北部各州排外运动的最初倡导者并没有因宗教原因歧视外国移民,但是受印度人民党领导的右翼政府抓住了移民运动的穆斯林特征,反伊斯兰意识形态和选举意图促使印度人民党发起了全方位的宣传攻势来抵制所谓的周边伊斯兰国家的文化和宗教侵入。另一些政治派系则把移民视为国家生态、经济安全,而不是宗教和文化方面的威胁。印度人民党的一位首席发言人认为,鉴于当前孟加拉国在悄无声息地塔利班化,其渗透活动将产生骇人的后果。[3]

历史上,印度人民党曾联合其他组织如"国民自愿组织"(RSS)和"世界印度教"委员会(VHP),严厉批评过前政府收纳孟加拉移民的政策。[4] 1992年,在政治上成功处理阿约提亚宗教纷争之后,印度在全

---

〔1〕 Hussain, W. (2004), "Demographic Jitters", *Outlook India*, 20 September. Available at <http://india. eu. org/2066. html>(accessed on 30 July 2004).

〔2〕 Shukla, B. P. , Khatre, J. A. K. (2004), "Jansankhya Asantulan Ke Khatare", *Dainik Jagaran*, 20 September.

〔3〕 Balbir, K. Punj in J. M. Pathania, *India & Bandladesh-Migration Matrix-Reactive and Not Proactive South Asia Analysis*, 2003.

〔4〕 Gillan, M. (2002), "Refugees or Infiltrators? The Bharatiya Janata Party and 'Illegal' Migration from Bangladesh", *Asian Studies Review*, 26/1: 73-95.

国范围内宣传抵制孟加拉国的穆斯林移民。本国的一些理论家就此事发表出版了著名的文章和图书。另外，除了系统的言语运动反对非法移民带来的威胁之外，本国理论家的文章应该为不断恶化的对安全的焦虑负责。

印度人民党首席政论家雷·巴尔吉的两篇文章《孟加拉国的穆斯林大迁移》和《印度会变成伊斯兰国家吗？》，给读者泼了一盆冷水，唤起了民众对孟加拉穆斯林渗透的恐惧。[1] 言语行为和辩论性的文章在印度难民和穆斯林渗透者之间划清了界限，而且流传着一个猜测而来的数字，那就是在印度各地有超过 1500 万的孟加拉穆斯林移民。它警告大规模穆斯林移民带来的不良后果和人口众多的国家——孟加拉国以及成百万穆斯林迁入印度将给印度人民的生存带来极大威胁。[2] 右翼政论家们大量引用孟加拉媒体和学者的报道、文章来告诫孟加拉人企图寻找生存空间的做法。雷·巴尔吉最初引用的一些 1991 年的人口普查报告显示，大约有 1000 万孟加拉人从国内消失。无独有偶，印度人民党内另一位言辞犀利的决策者阿伦大量引用了《前哨》(Sentinal)编辑比博鲁关于孟加拉人民对于生存空间的极度渴望的言论。他同时指控国会和左翼政党应对印度领土上的非法移民负有责任。[3] 印度人民党授权的媒体不断渲染恐怖气氛，将此事成功地报道为国家安全的首要大事。[4] 印度媒体定期报道一些具有挑

---

〔1〕 Rai,B. (1991), *Is India Going Islamic*. Available at ＜http://www. geocities. com/siliconValley/Bridge/9684/art1. htm＞(accessed on 30 July 2004). Rai, B. (1991), *How Bangladesh Will Destroy India? Demographic Challenge*! Available at ＜http:// www. geocities. com/hsitah 9/ how_ bangladesh_ will_destroyindi. htm＞(accessed on 13 August 2004).

〔2〕 Rai,B. (1993), *Demographic Aggression Against India*：*Muslim Avalanche from Bangladesh*,B. S. Publications,Chandigarh,p. 201.

〔3〕 Shourie,A. (1993),*A Secular Agenda*：*For Saving Our Country*：*For Welding It*. New Delhi：ASA Publications,pp. 219-223; Bezboruah, D. N. (2002), "Illegal Migration from Bangladesh", *Dialogue*, 3/3：45-55; Khan, S. (1991), "The Question of Lebensraum",*Holiday*, Dacca, 18 October.

〔4〕 Pandey,O. (2002),"ISI and New Wave of Islamic Military in the N. E. ",*Dialogue*,3/3：36-39.

衅意味的消息和文章来提醒国人穆斯林的渗透和不快的后果,他们甚至常常引用一些孟加拉移民取笑印度妇女的话来激起矛盾。[1]

政府官员和政治家们也开始陷入焦虑。1998 年 11 月,阿萨姆邦总督辛哈向印度总统提交了一份报告。为了提高民众警惕,报道一些孟加拉人对印度妇女的揶揄之词也不是没有的事。[2] 一篇题为《阿萨姆的非法移民》的官方报告警告道:

> 孟加拉国人口大规模迁入阿萨姆,必将使阿萨姆本邦人民成为自己领土上的少数,他们的文化将面临威胁,政治统治会被削弱,就业机会减少……他们融入当地居民只是时间问题,国际伊斯兰原教旨主义或许会加速融入的过程。[3]

宗教身份的政治化使得边界居民陷入印度民族主义的漩涡。最近,世界印度委员会和印度青年民兵坚持调查阿萨姆各区非法移民的数量使问题更加复杂化,使各宗教团体进一步分化。边界村庄涌现的寺庙和清真寺便是明证。现在,印度教徒和穆斯林混居区人民的心理界限分明,双方互相猜忌,使少数人跨越国境加入他们更大的群落。边境安全部队和孟加拉步枪队以保护边境安全为名,积极鼓励边境地区的无害化和同质性。这两个地区接下来充斥着爱国主义运动,这些地区的妇女和儿童被撤离,青壮年则拿起了棍子、刀剑、标枪来抵御非法侵入以及各种可能的袭击。关于这种情况的记忆可以上溯到隔离年代。正如拉那比尔·萨马达(Ranabir Samadder)简明地指出:

---

〔1〕　Shukla,B. P. (1996),"Deshghati Sabit Hogi Ghuspaith Ki Undekhi",*Dainik Jagaran*,25 September.

〔2〕　辛哈的报告引起了穆斯林政坛的轩然大波,这些持不同政见的穆斯林政客们称他为印度教沙文主义者。参见 Hussain,W. (2002). "Cross-Border Human Traffic in South Asia: Demographic Invasion, Anxiety and Anger in India's Northeast", in K. P. S. Gill and A. Sahni (eds.), *Faultlines: Writing on Conflict & Resolution*, Vol. 7. Institute of Conflict Management, India. p. 115.

〔3〕　Bhawan,R. ,*Illegal Migration into Assam*,1998,pp. 17-18.

隔离政治的再度出现使边界内部的人口分布、社区以及政治界线不断被复制，最终形成了新的或看得见或看不见的边界。这些内部划定的界限不是分隔空间的垂直线，而是一个沿着一个同心圆不断划分及重新组合已被划分的空间，使民族、法律、公民、权利、义务、道德和习性达到统一。[1]

印度人民党、阿萨姆人民联盟和"全阿萨姆学生会"已经站在了进行议题安全化的前线，另一些政治团体也及时加入了混战的行列。西孟加拉为在逃的孟加拉移民提供避难所时，共产党政权一开始就采取抵制政策，与其他一些边界邦形成了抵制外国人的统一战线。此处要容纳孟加拉人民聚居的政治愿望被经济压力所代替。根据估计，在西孟加拉 292 个议会选区中，孟加拉移民有可能占据 52 个，同时将会影响另外 100 个的投票情况。[2] 印度共产党统治期间，当地人口和经济压力不断升级，使当局政策发生改变，他们曾利用保护移民来攫取政治利益。几十年间，西孟加拉和东北部的主流政治团体，像议会和印度共产党，对此一直视而不见。有人称这些政治团体将非法移民视为选票银行。据统计，在西孟加拉有多达 550 万的配给卡发给了孟加拉移民。[3] 最终西孟加拉政府向中央政府寻求帮助，向孟加拉人关闭 2217 千米边界。

直到 1962 年，议会都对从东巴基斯坦来的非法移民置之不理，但是中印战争和后来对中巴联合的担心改变了其看法。[4] 贾瓦哈拉尔·尼

〔1〕 Samadder, R. (1998), *The Marginal Nation: Transborder Migration from Bangladesh to West Bengal*, Sage, New Delhi, p. 47.

〔2〕 "Bangladeshi influx could trigger large-scale killings", *Daily Telegraph*, Calcutta, 5 November 2001.

〔3〕 Shenoy, T. V. R. (2003), "Don't ignore threat from other border", *The Pioneer*, 20 February. Available at <http://www. bjp. org/Newspaper/feb-2003>(accessed on 13 August 2004).

〔4〕 阿萨姆的一些地区居住着大量的穆斯林，他们的住处白旗飘飘，像是要避开可能来自中国的进攻。参见 Bhyan, J. C. (2002), "Illegal Migration from Bangladesh and the Demographic Change in the N. E. Region", *Dialogue*, 3/3：89.

赫鲁曾谈及从东巴基斯坦向阿萨姆的渗透，他认为这一渗透活动应该被制止，并进行有效治理。[1] 议会政府起草了名为"防止巴基斯坦人渗透"的方案，此方案于 1964 年生效，并在孟加拉国成立之后更名为"防止外国人法案"。1965 年，边防部队的成立也反映了议会政权对非法移民的不断担忧。

萨塔奇：安全化还是符号政治

2003 年 2 月，213 名移民曾被困在孟加拉和印度交界处的一个名为萨塔奇的人迹罕至的缺水高原地带，此事件成为不断升级的安全化问题的一个征候，也成为一起普通事件因没有给予相应的人道主义援助、反而武装当地村民并很快使其成为一个国家安全问题的范例。然而最后，这又只是另一个符号政治的插曲。

事实上，孟加拉移民一直在通过贿赂印度边防部队来秘密过境。[2] 同时，在边防部队内部，随机将非法移民围起来之后，将其赶到人迹罕至的地方也是司空见惯的事。然而此时，孟加拉步枪队拒绝 213 个自称是印度人的流浪耍蛇者入境，他们在无人之境度过了三天。困于此处的大部分是老年妇女和儿童，他们待在严寒里，许多人呼吸道感染，受尽折磨。两国谈判失败的消息传来后，成百上千的孟加拉青年手持武器，大喊反印口号，向边界进发。由于担心受到攻击，被困的流浪者们开始大呼求援。很快，成百上千的印度村民手持竹竿冲向边界基准线。此事很快引起了国内国际新闻媒体的关注，非法移民问题也登上了新闻媒体的头版头条。

2003 年 2 月 6 日，被困者神秘失踪，此事解决了两国政府的难题。

---

〔1〕　Hussain, W. , "Cross-Border Human Traffic in South Asia: Demographic Invasion, Anxiety and Anger in India's Northest", 2000, p. 118.

〔2〕　"1000 Bangladeshis infiltrating every day", *The Hindu*, 23 August 1999.

印度边防部队宣称,由于屈服于印度的压力,被困者已被孟加拉国召回,但是孟加拉国并不承认这一事实。另一方面,孟加拉政府拒绝承认他们曾召回被困者,也否认他们曾有被困者下落的任何信息。跟踪报道此事并将其作为头条的新闻媒体一直关注安全问题,并为这些难民的命运担忧,结果最后也失去了线索。[1] 很明显,印孟两国政府只是用此事来使核心问题安全化,并使各自在边界的位置合法化。

最有启发性的是印度外交部部长对此事的评论。他说:"耍蛇者不可能破坏两国关系,如果孟加拉国承认事实并决定谈判,我们会很快顺利渡过难关。"[2] 此事透露出了一个利益双方政治表态的很古怪的方式,那就是印度坚持认为孟加拉国应为此事负责,而不是责成。但是该危机在安全化过程中是至关重要的,因为它涉及非法移民的国际国内影响和印度政府如何看待国家安全的问题。萨塔奇危机清晰地展示了两国政府并没有寻求任何可持续的怀有敏感、同情的方法来解决问题,而是使孟加拉非法移民问题不断升级,更加政治化。这 213 名耍蛇者的困境在某种程度上体现了现代民族国家的划界和公民概念的误区。当地居民被自己的国家剥夺了公民的权利,因为当所谓的国家安全受到威胁时,国际义务和体制就会轻易地被束之高阁。

印度的非法移民的安全化过程一直遥遥无期,然而,据巴基斯坦三军情报局的可靠证据表明,活动在孟加拉境内[3]的 194 名反印恐怖分子一直和移民勾结,共同在东北部进行恐怖活动,此事进一步使问题变得错综复杂。[4]

---

[1] "Downwardly Mobile", *Hindustan Times*, 8 May 2003.

[2] Acharya, J. M. , Gurung, M. , and Samaddar, R. (2003) *No-Where People On the Indo-Bangladesh Border*. SAFHR paper 14, South Asian Forum for Human Rights, Kathmandu, June.

[3] "India, Bangladesh Differences on Immigration, Terror Campus Persist", *Press Trust of India*, 9 January 2004.

[4] Saikia, J. (2003), "Terror sans Frontiers: Islamic Militancy in North East India", *ACDIS Occasional Papers*.

重大举措

不断发展的孟加拉非法移民的安全化问题促使印度不得不采取一些重大举措。除了排外运动之外,印度议会还通过了非法移民决议法案,以此来鉴别和驱逐在 1971 年 3 月 25 日及其后进入印度的非法移民。[1] 尽管成立的 16 个裁判团覆盖了阿萨姆的 23 个地区,但是依然收效甚微。[2] 这得归咎于确认非法移民证件的手续过于冗杂。例如,原告在法案允许的条件下对有非法移民嫌疑的被告提出上诉时,还要交纳相关费用。常常有人建议应该将 1946 年的涵盖印度其他地区的外国人法案也用于阿萨姆,这样,警方可以快速行动,通告有嫌疑的孟加拉侨民和其他非法移民,并在有证据的情况下召集此类非法公民。[3] 然而,印度人民党领导的国家民主联盟主张撤销 1983 年的非法移民裁判庭(IMTD)法案。这样 1946 年的外国人法案就可以在阿萨姆邦施行,从而加快对非法移民的监察和驱逐工作。迫于政治压力,国会领导的统一进步联盟最近则先发制人,制止了此举动。[4]

最近几年,由全阿萨姆学生会发起的议题安全化运动推动印度政府同意将阿萨姆公民界定为 1951 年在国家公民登记处注册过的或者是 1952 年记录在册的选民及其后代,并督促政府将截止日期推迟 20 年。[5] 但是此举过于苛刻,后隔离时代的移民面临资格被取消的危险,阿萨姆其他地区的人们因受到骚扰而逃到东巴基斯坦,也不能在

---

〔1〕 IMTD 法案的法律依据来源于对渗透活动的抱怨和警察的口供,而不是控告,这就使得对此事的侦查和驱逐工作异常复杂。这与 1946 年的对外法案形成鲜明对比,这部法案当时针对的是被告的外国人。

〔2〕 IMTD 法院到目前为止只证实有 1494 人,此举被戏称为"无依据的法律"。

〔3〕 Husain, W. (2003),"Of Land, People and Security",*The Hindu*,1 July.

〔4〕 "IMTD Politics",*North East Cell Newsletter*,March,2005.

〔5〕 由于 NRC 在七个选区内无法实行,因此 1952 年选举的作用被写进基本文件。See Husain,"Demographic Jitters",2004.

国家公民登记处注册。[1] 2000 年的时候，印度政府决定封锁印孟两国长达4096千米的跨越五个邦的国界。印度外交部发言人萨尔那说，封锁印孟边界是必须的，就像美国和以色列在墨西哥和约旦河西岸设立障碍一样，都是为了防止非法移民和恐怖分子从事渗透活动。[2] 2004 年 7 月 24 日，印度边界安全部队官员透露，在一半国际边界遭封锁后，来自孟加拉的非法移民减少了将近 25％。[3]

　　印度政府最近宣布，将在 13 个邦发行身份证以防止孟加拉和巴基斯坦移民从内部产生的安全威胁。相关各邦分别是查谟、喀什米尔、古吉拉特邦、乌塔兰契尔邦、乌塔普拉德什邦、阿萨姆、安德拉普拉德什邦、西孟加拉、特里普拉邦、塔米尔纳德邦、卧亚、本迪治里和德里。同时，据报道，印度已起草大规模方案，准备在印孟 4096 千米的边界上（西孟加拉、阿萨姆、梅加拉亚邦、特里普拉邦和米佐拉姆）修建电线隔离墙。此方案用于阻止非法移民潮和巴基斯坦三军情报局特工以及孟加拉好战分子进入或逃离印度。孟加拉国之前就拒绝穿越国界的渗透。[4] 鉴于"9·11"之后的发展，不断增强的流动性对于印度东边界的问题进行安全化的效果是显而易见的。由于美国不断施压，敦促其拆除印巴西线的封锁线，印方的强硬派主张寻找威胁本国安全的非法移民作为异己敌人。[5] 此举使边界军事升级，伤亡人数增多。

　　边界军事化使妇女和儿童大规模撤离边界。这些村民随时被提

〔1〕 *Ibid.*

〔2〕 "India erecting a barrier along Bangladesh border", *The Boston Globe*, 30 May 2004.

〔3〕 "Illegal migration from Bangladesh down", *New Kerala*, 22 July 2004. Available at ＜http://www. newkerala. com/news-daily/news/features. php? action＝fullnews & id＞(accessed on 12 June 2005).

〔4〕 印度政府一直寻求封锁边界，此举使得达卡地区人民对此事相当敏感。铁丝网的修建是关系紧张的表现，仿佛邻里两国难以融洽相处，只能敌对分开。据报道，铁丝网是印度政府用来封锁与巴基斯坦的边界的。

〔5〕 Acharya, J. M., Gurung, M., and Sanaddar, R. (2003), *No-Where People On the Indo-Bangladesh Border*, 2003, p. 2.

醒要爱国,拿起棍子、宽刃刀、标枪、刺刀以及无论哪里只要能弄到的
枪,都要抓住机会巩固边防,防止非法入侵。[1] 孟加拉媒体也在大肆
宣扬孟加拉国步枪队武装进攻另一方民众的消息。此种流动性会为
进一步的军民争斗埋下隐患。事实上,两国边防军正好需要一个不安
定的边防来做进一步的稳固。由社会活动分子发起的一项研究报告
显示:

> 我们正在很好地将来自东边的非法移民变成我们的异己敌
> 人。毫无疑问,此种转换将被用来为现有的大量国防开支做法律
> 依据。但是多少国防开支就能阻止跨境移民却是另一个问题。
> 正如萨塔奇的耍蛇者所展示的那样,受到威胁的饥民将会向边防
> 发起挑战,不管是扛起枪支公然对抗还是悄悄潜入、非法
> 入境。[2]

去安全化:一种解决问题的美好愿景

不管是自愿还是非自愿,由于跨境移民自身原因的复杂性和存在
地区的不对称性,它将成为南亚地区未来几年内一个有争议的难题。
此问题有两种解释,一种是当地居民跨境寻求美好生活的人类长期问
题,另一种则是国家安全的威胁。但是如果以国家至上的范式为参
照,非法移民无疑成了国家统一和各邦安全的挑战。隐含的猜想是,
跨界移民将耗尽移民接纳邦的社会经济资源,并对其民族、文化、宗教
和语言造成威胁。另一种反对非法移民的论据是它或许不符合现有
的各邦之间的体系。事实是国家至上的观点破坏了对生命安全的关

---

[1] *Ibid.*, p. 3.

[2] Bannerjee,P. *et al.* (2003), "Lives Delimited by Barbed Wires: Refugees from East",*Refugee Watch*,No. 18,Mahanirban Calcutta Research Group,Calcutta,p. 6.

心。只是最近在非传统安全研究的框架下才提出了此类顾虑。另一个细微的变化是,开始放弃单一的主权至上观点,忽略国籍,用全球视角来为人民谋福祉。"去安全化"与之前的方法不同,它寻求管理非传统威胁的可能性,尽可能地使它们在变成国家安全问题之前得到控制。为达到此目的,我们需要一系列可行的政策方针来缓和局势。

我们的建议是,非法移民问题必须通过全面且有效的方法解决。[1] 还有一些方法,如从移民的共有原因入手加以控制,以及在有迁移征兆之前解决或者缓和局势,将有助于防止移民现象发生。所有人都承认孟加拉的非法移民问题急需解决,其中也有不少异议,但是异议不是针对问题本身,而是如何解决此问题。我们随处可见贫民的最基本人权被政府利用来为其政治服务。不是印孟两国人民不想解决此问题,而是因为两国政治、军事力量缺乏远见,不愿过多参与此事。政府不作为的一个例子就是两国进行边界勘察,讨价还价地签署了1974年印孟边界协议。当地居民的困境经常被用于为选举服务,或者在国内发展出现问题时用以转移国民注意力。

很显然,没有单一方法可以解决非法移民问题。在孟加拉国,印度被普遍认为是一个幅员辽阔、心胸狭窄的邻邦;在印度,大家都惊异于这个不听话的小邻邦,两国缺乏共识导致了像萨塔奇耍蛇者事件的发生。很难确定孟加拉人是否接纳那些被印度定义为非法移民的人为本国合法公民,这将形成一个印方定为非法移民而孟方不认为是其合法公民的恶性循环。简单的关闭整个边界也于事无补。勘查倒是一个好方法,这样就不可能驱逐孟加拉移民。面向印度居民和孟加拉从事某些特定领域工作的人发行身份证也是一个行之有效的方法。然而,此方案的实施将建立在以下事实基础上,那就是此类孟加拉移民必须经济状况良好并对印度经济有贡献。

---

〔1〕 Shahidul, H. M. (2002),"Orderly and Human Migration: An Emerging Paradigm for Development",*BIISS Journal*,Bangladesh Institute of International and Strategic Studies,Bangladesh,23/1:1-19.

解决国家安全问题的一个行之有效的方法是，通过进行地区级别的双边对话来解决非法移民问题。此举将对本地区七个国家的区域融合目标产生广泛而深远的影响。但是到目前为止，东盟却一直在规避此类敏感问题，如可能给本组织带来裂隙的人口运动。

不管怎样，陷入印巴泥潭的东盟至少目前还没有显示出任何解决问题的迹象。因此，如果官方无法解决的话，基于非正规的区域合作来寻求解决问题的方法还是很有可能的。两国以公民社会为基础的研究和行动组织正在联合起来，共商良策，以解决自愿和非自愿的移民运动。

另外，认清人口迁移和全球/区域经济和秩序之间的联系也是非常重要的。著名记者、激进主义者奈尔引用孟加拉商人的话说："如果你能使孟加拉的经济复苏，对印度的渗透将会自行停止。"[1] 人们冒着生命危险穿越国界是因为渺茫的希望，他们不得不这样做。如果印度必须要阻止非法移民，它就不应该仅从安全方面考虑此问题，而应该给移民发放工作证，让其有序进入、合法工作、暂住。[2] 给印度居民和来自孟加拉从事特殊行业的人发放身份证也是一个有效的方法。更实际的方法是堵住源头，实施同化政策，就像阿萨姆下议院前总统霍曼推行的那样，承认已经进入印度的孟加拉人为阿萨姆社会的一部分。[3]

在孟加拉非法移民的案例中，安全化过程又衍生出许多东西。它的确帮助统治精英们巩固了他们的爱国主义形象，尤其是在多数人中间扩大了政治基础。但在将问题安全化的同时，也暴露出问题的严重性。安全化最重要的益处在于，它消除了关于该问题的不同政见。问

---

〔1〕　奈尔回忆说，时任印度内政部部长的阿德瓦尼曾允许给在印度找工作的孟加拉人发放工作证。参见 Nayar, K. (2001), "Reaching out to Dhaka", 23 February. Available at <http://www. rediff. com/news/2001/feb/23nayar. htm>(accessed on 30 July 2004).

〔2〕　Hazarika, S. (2000), *Rites of Passage: Border Crossings, Imagine Homelands. India's East and Bangladesh*, Penguin Books, New Delhi, pp. 261-262.

〔3〕　Hussain, W. , "Of Land, People and Security", 2003.

题一旦被当作国家安全威胁提出，对左翼和世俗力量来说，将不再可能将其简单地提上共有的议事日程。

然而安全化进程也预先为区域合作解决问题提供了某种可能。事实上，非法移民不是说一个国家的非法移民侵入另一个国家，它本身不属于安全问题，从本质上说是贫民跨越过境、追求体面生活的问题。传统的安全角度没有为理解问题提供线索。现在解决移民问题急需的是一种人道主义的方法，在尊重本国公民应有权利的同时，为无籍人士提供人道主义援助，方便其在国际框架下活动也非常重要。避免非传统安全问题如非法移民成为主要的国家安全问题的唯一方法在于，对和平和人类发展的持续追求，以及将复杂问题置于随机且破缺的边界背景下考量。

参考文献

"1000 Bangladeshis infiltrating every day", *The Hindu*, 23 August 1999.

Acharya, J. M. , Gurung, M. , and Samaddar, R. (2003), No-Where People on the Indo-Bangladesh Border, SAFHR paper 14, South Asian Forum for Human Rights, Katmandu, June. Also available at <http://www.safhr.org/working_papers_14.htm>(accessed on 12 June 2005).

Albert, M. (1998), "Security as Boundary Function: Changing Identities and Securitirization in World Politics", *The International Journal of Peace Studies*, 13/1. Available at <http://www.gmu.edu/academic/ijps/vol13_1/Albert.htm>(accessed on 21 August 2004).

Amin, R. , Chowdhury, J. *et al.* (1998), "Reproductive Change in Bangladesh: Evidence from Recent Data", *Asia Pacific Population Journal*, 8/4 : 39-58.

Aradau, C. (2001), "Beyond Good and Evil: Ethics and Securitization/Desecuritization Techniques", Rubikon, E-Journal. Available at <http://venus.ci.uw.edu.pl/~rubikon/forum/claudia2.htm>(accessed on 10 August 2004).

Banerjee, U. D. (2002), "Globalization, Crisis in Livelihoods, Migration and Trafficking of Women and Girls: The Crisis in India, Nepal and Bangladesh", paper presented at an international conference on "Women, Work and Health" in Stockholm, June. Available at <ht-

tp://www. qweb. kvinnoforum. se/misc/trafupala. rtf>(accessed on 13 August 2004).

Bannerjee,P. *et al*. (2003),"Lives Delimited by Barbed Wires: Refugees from East", *Refugee Watch*,No. 18,Mahanirban Calcutta Research Group,Calcutta,pp. 6-8.

Behera,N. C. (2001),Discourses on security: South Asian Perspectives,Research Mono-graphs,No. 3,Malaviya Center for Peace Research,Banaras Hindu University,Varanasi.

Bezboruah,D. N. (2002),"Illegal Migration from Bangladesh",*Dialogue*,3/3 : 45-55.

Bhawan,R. (Governor of Assam)(1998),Illegal Migration into Assam,report submitted to the President of India,Guwahati,8 November.

Bhuyan,J. C. (2002),"Illegal Migration from Bangladesh and the Demographic Change in the N. E. Region",*Dialogue*,3/3 : 85-89.

Bose,T. K. and Manchanda,R. (eds.)(1997),States,Citizens and Outsiders: the Up-rooted Peoples of South Asia,*South Asia Forum for Human Rights*,Kathmandu.

Buzan,B. (1991),"New Patterns of Global Security in the Twenty-First-Century",*International Affairs*,67/3 : 431-451.

Buzan,B. (1997),"Rethinking Security After the Cold War",*Cooperation and Conflict*, 32/2 : 5-28.

Buzan,B. and Wæver,O. (1997),"Slippery? Contradictory? Sociologically Untenable? The Copenhagen School Replies",*Review of International Studies*,23/2 : 241-250.

Buzan,B. and Wæver,O. and de Wilde,J. (1997),Security: *A New Framework For Analysis*. Lynne Rienner,Boulder,CO.

Das,S. K. (1997),*Regionalism in Power: The Case of Asom Gana Parishad* 1985-1990,Omsons,Delhi.

Datta,P. (2004),"Push-Pull Factors of Undocumented Migration from Bangladesh to West Bengal: A Perception Study",*The Qualitative Report*,9/2 : 335-358. Available at < http://www. nova. edu/ssss/QR/QR9-2/datta. pdf>(accessed on 29 July 2004).

Datta,P. ,Sadhu,S. ,Bhattarchaya,B. N. and Majumdar,P. K. (2004),"Undocumented Migration from Bangladesh to West Bengal",*Population Studies Unit*,article No. 1402,Indian Statistical Institute,Kolkata. Available at < http://www. ipcs. org/ipcs/militaryIndex. jsp? military=1012&status=article&mod=b>(accessed on 30 July 2004).

Datta,S. (2002),"Indo-Bangladesh Relations: An Overview of Limitations and Constraints",*Strategoc Amalysis*,26/3 : 427-440.

Ericksen,N. J. ,Ahmad,Q. K. and Chowdhury, A. R. (1999),"Socio-economic Implications of Climate Change for Bangladesh", in R. A. Warrick and Q. A. Ahmad(eds.), *The Implication of Climate Change and Sea Level Rise in Bangladesh*. Boston: Kluwer Academic Publishers, pp. 205-287.

Gillan, M. (2002), "Refugees or Infiltrators? The Bharatiya Janata Party and 'Illegal' Migration from Bangladesh", *Asian Studies Review*, 26/1 : 73-95.

Gogoi, N. (2001), "Nagaland may face brunt of illegal migration from Bangladesh", *Rediff on Net*, 27 March. Available at <http://www. hvk. org/articles/0301/119. html> (accessed on 30 July 2004).

Gupta, B. D. (1999), "Fencing No Hindrance to Intruders", *The Hindu*, 23 August.

Hansen, L. (2000), "The Little Mermaid's Silent Security Dilemma and the Absence of Gender in the Copenhagen School", *Millennium*, 29/2 : 285-306.

Hazarika, S. (2002), "Illegal Migration from Bangladesh: Problem and Long-term Perspective", Dialogue, 3/3 : 23-32.

Hazarika, S. (2000), *Rites of Passage: Border Crossings, Imagine Homelands, India's Ease and Bangladesh*. New Delhi: Penguin Books.

Hugo, G. (1995), "Illegal International Migration in Asia", in R. Cohen, (ed.), *The Cambridge Survey of World Migration*. Cambridge: Cambridge University Press, pp. 397-402.

Hussain, W. (2000), "Cross-Border Human Traffic in South Asia: Demographic Invasion, Anxiety and Anger in India's Northeast", in K. P. S. Gill and A. Sahni (eds.), *Faultlines: Writings on Conflict & Resolution*, vol. 7. Institute of Conflict Management, India, pp. 107-132.

Hussain, W. (2004), "Demographic Jitters", *Outlook India*, 20 September. Available at <http://india. eu. org/2066. html>(accessed on 30 July 2004).

Hussain, W. (2003), "Of land, People and Security", *The Hindu*, 1 July. Available at < http://www. hinduonnet. com/thehindu/2003/07/01>(accessed on 30 July 2004).

"Illegal migration from Bangladesh down", *New Kerala*, 22 July 2004. Available at < http://www. newkerala. com/news-daily/news/features. php? action＝fullnews&-id>(accessed on 12 June 2005).

"IMTD Politics", North East Cell Newsletter, March 2005. Available at <http:// www. somnathmona. com/Anand/Mar2005/Newsletter_files/page0001. htm>(accessed on 13 June 2005).

Jha,S. K. (2003),"Time for Dhaka to Come Clean",*Asia Times*,6 February.

Jamwal,N. S. (2004),"Border management: Dilemma of Guarding the India-Bangladesh Border",*Strategic Analysis*,28/1 : 406-426.

Katsenstein,P. J. (ed.) (1996),*The Culture of National Security: Norms and Identity in World Politics*. New York: Columbia University Press.

Keyman,E. F. (1997), *Globalization, State, and Identity/Difference: Towards a Critical Theory of International Relations*. New Jersey: Humanities Press.

Khan,S. (1991),"The Question of Lebensraum",*Holiday*,Dacca,18 October.

Knudsen,O. F. (2001), "Post-Copenhagen Security Studies: Desecuritizing Securitization",*Security Dialogue*,32/3 : 355-368.

Kolodziej,E. A. (1992),"What is Security and Security Studies? Lessons from the Cold War",*Arms Control*,13/1 : 1-31.

Krause,K. and Williams,M. C. (1996),"Broadening the Agenda of Security Studies: Politics and Methods",*Mershon International Studies Review*,40/2 : 229-254.

Krishna,S. (2000),*Postcolonial Insecurities: India, Sri Lanka and the Question of Nationhood*. New Delhi: Oxford University Press.

"Lives Delimited by Barbed Wires: Refugees from East",*Refugee Watch*,No. 18,Mahanirban Calcutta Research Group, ,Calcutta, pp. 168-182.

Loescher,G. (1995),"International Security and Population Movements",in R. Cohen (ed.), *The Cambridge Survey of World Migration*. Cambridge: Cambridge University Press, pp. 83-98.

McSweeney,B. (1996),"Identity and Security: Buzan and the Copenhagen School",*Review of International Studies*,22/1 : 68-78.

Ministry of Home Affairs,North-East Division,*Supplementary Status Report on Illegal Immigration of Bangladeshi Nationals*,Government of India,New Delhi,n. d.

Murray,S. K. and Meyers,J. (1999),"Do People Need Foreign Enemies? American Leaders Beliefs After the Soviet Demise",*Journal of Conflict Resolution*,43/5 : 555-569.

Nayar,K. (2001),"Reaching out to Dhaka",23 February. Available at <http://www.rediff. com/news/2001/feb/23nayar/htm>(accessed on 30 July 2004).

Pandey, O. (2002), "ISI and New Wave of Islamic Militancy in the N. E.", *Dialogue*,3/3 : 83-98.

Pathania,J. M. (2003),*India & Bangladesh - Migration Matrix - Reactive and not*

Proactive, paper No. 632, South Asia Analysis Group. Available at <http://www. ipcs. org/ipcs/militaryIndex. jsp? military=1012&status=article&mod=b>(accessed on 30 July 2004) and <http://www. saag. org/papers7/paper632. html>(accessed on 29 June 2004).

Pocha, J. (2004), "India erecting a barrier along Bangladesh border: Targets terrorism, illegal migration", *The Boston Globe*, 30 May. Available at <http://www. boston. com/news/world/articles/2004/05/30/India>(accessed on 30 July 2004).

Poku, N. and Graham, D. T. (eds.) (1998), *Redefining Security: Population Movements and National Security*. Praeger, London.

Venkatachaliah, M. N. (Former Chief Justice of India) (1997), a speech presented at *Proceedings of World Congress on Human Rights*, Institute for World Congress on Human Rights, India International Centre, New Delhi, 21-22 November.

Rai, B. (1993), *Demographic Aggression Against India: Muslim Avalanche from Bangladesh*. Chandigarh: B. S. Publishers.

Rai, B. (1991), *Is India Going Islamic*. Available at <http://www. geocities. com/SiliconValley/Bridge/9684/art1. html>(accessed on 30 July 2004).

Rai, B. (1991), *How Bangladesh will Destroy India? Demographic Challenge*! Available at <http://www. geocities. com/hsitah9/how_bangladesh_will_destroy_indi. html>(accessed on 13 August 2004).

Ray, J. K. (2002), "Migration from (East Bengal / East Pakistan) Bangladesh to India", *Dialogue*, 3/3: 33-44.

Saikia, A. (2002), "Global Processes and Local Concerns: Bangladeshi Migrants in Assam", *Dialogue*, 3/3: 168-182.

Saikia, J. (2002), "The ISI Reaches East: Anatomy of a Conspiracy", *Studies in Conflict & Terrorism*, 25: 185-197.

Saikia, J. (2003), "Terror sans Frontiers: Islamic Militancy in North East India", *ACDIS Occasional Papers*. Available at <http://www. acdis. uiuc. edu/Research/Ford. shtml>(accessed on 13 August 2004).

Samaddar, R. (1998), "Ethnicity, Fragmented Politics and Labour Market in South Asia-Issues in Transborder Migration", in A. K. Banerji (ed.), *Security Issues in South Asia: Domestic and External Sources of Threats to Security*. Calcutta: Minerva Publications, pp. 168-182.

Samadder, R. (1998), *The Marginal Nation: Transborder Migration from Bangladesh to West Bengal*. Sage, New Delhi.

Shahidul, H. M. (2002), "Orderly and Human Migration: An Emerging Paradigm for Development", *BIISS Journal*, 23/1, Bangladesh Institute of International and Strategic Studies, Bangladesh, pp. 1-19.

Shenoy, T. V. R. (2003), "Don't ignore threat from other border", *The Pioneer*, 20 *February*. Available at <http://www.bjp.org/Newspaper/feb--2003>(accessed on 13 August 2004).

Shourie, A. (1993), *A Secular Agenda: For Saving Our Country: For Welding It*. New Delhi: ASA Publications.

Shukla, B. P. (2004), "Jansankhya Asantulan Ke Khatare", *Dainik Jagaran* (in Hindi), 20 September.

Shukla, B. P. (1996), "Deshghati Sabit Hogi Ghuspaith Ki Undekhi", *Dainik Jagaran* (in Hindi), 25 September.

Sikder, M. J. U. (2003), "Women's Participation in Informal Cross-Border Trade", *Proceedings of National Seminar on Women in Challenging Situations in Bangladesh*. Refugee and Migratory Movement Research Unit, Cirdap, Dhaka, 23-24 July.

Singh, P. (2002), "Management of India's North-Eastern Borders", *Dialogue*, 3/3 : 57-70.

Wæver, O. (1995), " Identity, Integration and Security: Solving the Sovereignty Puzzle in EU Studies", *Journal of International Affairs*, 48/2 : 389-431.

Wæver, O. (1995), "Securitization and Desecuritization", in R. D. Lipschutz (ed.), *On Security*. New York: Columbia University Press, pp. 46-86.

Walt, S. M. (1991), "The Renaissance of Security Studies", *International Studies Quarterly*, 35/2 : 211-239.

Weiner, M. (1993), "Rejected People and Unwanted Migrants in South Asia", *Economic and Political Weekly*, August, 21 : 1737-1746.

Weiner, M. and Russell, S. S. (eds.) (2001), *Demography and National Security*. Berghen Books, New York.

Wheeler, N. J. and Bellamy, A. J. (2001), "Humanitarian Intervention and World Politics", in J. Baylis and S. Smith (eds.), *The Globalization of World Politics: An Introduction to International Relations*. Oxford: Oxford University Press, pp. 470-493.

Williams, M. C. (2003), "Words, Images, Enemies: Securitization and International Politics", *International Studies Quarterly*, 47/4 : 5-11.

第四章　贫困与印尼非政府组织在维护人的安全中的作用

鲍勃·哈迪威纳达
Bob Hadiwinata

安全和安全化

近些年来,安全的概念在指涉对象、核心价值以及威胁种类三方面日益扩展。众多学者中,理查德·厄尔曼(Richard Ullman)首先提出,这样的一种扩展应当广泛包含从自然灾害、人身疾病到环境恶化这一系列相关因素。[1] 冷战的结束强化了这种论断在学术界的主导地位,随着军事威胁的不断弱化,威胁人类的其他因素(贫困、疾病、自然灾害、环境恶化等)则逐渐增加。不过,在国际关系领域,这种扩展使安全成为一个广受争议的概念。"传统主义者"将国家作为安全问题的指涉对象,而"非传统主义者"则将安全问题的指涉对象扩展到了人类全体(或是人民)的范畴,[2] 因为"非传统主义者"认为安全面临的威胁囊括了众多影响人类生存状况的因素,因此安全的指涉对象不

---

〔1〕　Ullman,R. (1983),"Redefining Security", *International Security*, 8/1, Summer, pp. 68-86.

〔2〕　有关双方观点的论辩细节,请参见其他资料,如:Alagappa,M. (1983),"Rethinking Security:a Critical Review and Appraisal of the Debate",in M. Alagappa,*Asian Security Practice:Material and Ideational Influence*. Stanford:Stanford University Press,pp. 24-49.

应仅仅局限于国家的层面。

　　本章将就贫困作为非传统安全的重要构成部分,以及非政府组织如何以非国家行为体角色在将贫困安全化的过程中发挥作用展开探讨,指出将贫苦问题纳入安全范畴,使得非政府组织在维护弱势群体和被忽视人群的安全时具有了正当性及合理性。以印尼两个非政府组织为例,本章进一步讨论了在将贫困安全化的过程中,非政府组织应当如何发挥其潜在的重要作用。由于印尼政府没能在经济危机中和危机后的政策调整中估计到弱势群体的利益,当地的非政府组织对世界宣布,国家的忽视已经使那里成千上万的穷苦民众在生活上陷入困境。因此,他们提出,问题的解决方案必须逾越常规的政府做法和公共政策。本章的论述将会阐明对贫困问题的安全化挑战了哥本哈根学派,而后者正是认为非传统安全的解决方法依然落在国家职能范围内,即依靠紧急的政府行为和危机时政府出台的政策。而印尼的经验则恰恰表明,非政府组织把贫困纳入安全问题领域的努力依靠的正是普通民众的自力更生和自我救助,这种没有政府参与的行为,超越了国家职能的边界。

　　当安全的定义超越传统意义时,人们也会重新思考安全化的含义。布赞以及其他持相同意见者认为,安全化是指"一种使政治超越现有游戏规则且将某一议题框定成为一种特殊政治或超越政治的行为"。[1] 从概念角度来讲,安全化可以被视为对理解安全这一定义时采用非传统安全框架的归类和共识,而这种定义正是超越了国家和军事威胁的范畴。在本文中,安全化可以被看做一种对特定议题的极端政治化。在这样一种政治化的过程中,不仅要求国家职能边界之内的应对措施,而且边界之外的紧急行为也是迫切需要的。

　　作为一个过程,某一议题在满足了下属三类要素后即可被纳入安

〔1〕　Buzan,B.,Wæver,O. and de Wilde,J.(1998),*Security: a New Framework of Analysis*. Lynne Rienner,Boulder,CO,p.23.

全范畴。首先，安全的指涉对象是指被视为受到生存性威胁因而有权维护自身生存权的事物。以环境的安全化为例，由于环境和文明都被视为面临恶化和衰落的持续威胁，因此它们均可作为安全的指涉对象。其次，是安全化过程中的行为体，这类行为体声称相关客体受到生存上的威胁因而要求将影响因素纳入安全范畴。在环境的安全化一例中，行为体可以是国家、当地的非政府组织、联合国机构，也可以是个人（环保主义者）。安全化过程中的行为体不一定是指涉对象，因为有时候他们并不是在维护自身的生存，大多数情况下，这些行为体是在维护国家、种族、广义的文明、一些其他较大的团体、准则或者体系的安全。再次，行为体在向目标听众陈述指涉对象所面临的威胁时，采用的短语和术语构成了安全化过程中的言辞因素。这种言辞不单是为了强调情况的紧急，也是为了争取常规之外的解决途径。同样是在环境安全化一例中，行为体以这种言辞，向世人揭示了由于环境遭受巨大破坏而对文明产生的严重威胁。

　　行为体将某种特定议题作为存在的威胁呈献给特定观众，且为了应对危机必须采取超越常规的政治手段和调整步骤，此时，这种特定议题即已被纳入安全的范畴。哥本哈根学派认为，一项因素是否被成功安全化取决于至少三方面内容。其一，如果目标观众一方或是指涉对象一方承认了威胁的存在（或者两方均已承认），那么这项因素就已被安全化。如果没有迹象可以表明这种认可的存在，那么我们只是在讨论"安全化的行动"，而非业已形成的结果。其二，如果只是打破了规则或是仅仅列举出威胁，这种因素就没有被完全安全化。换言之，只有当例证出使得规则打破具有合理性的指涉对象已经受到这些威胁，才算达到了安全化的目的。[1] 其三，只有当实施安全化的行为体（政治领袖、国家机构、政府、国会说客、压力群体、非政府组织等）以特定的言辞来表明当前局势的紧急性时，这项议题才可以说被纳入安全

---

〔1〕　*Ibid.*，pp. 25-26.

的范畴。[1]

哥本哈根学派提出了扩展后的五项安全分类(军事、环境、经济、社会和政治),既包括了传统安全也包含了非传统安全。然而,并不是所有人都赞成这种分类。例如本杰明·米勒(Benjamin Miller)就认为这种分类至少有四处本体论和方法论方面的纰漏,包括对国家职能边界之外的安全事实的夸大、分析效用和理论价值不足、没有明确区分开枪炮和黄油,以及混淆了自由理想主义者的主张和经验上的分析。[2]虽然这场关于如何对安全概念做出分类的争论远未休止,可学者们及那些政策制定者却开始更多地关注经济、社会、环境威胁中的个人和群体安全。

本章正是阐明了这样一种人的安全的概念。尽管在传统意义上,对于安全的研究者和国际关系学者们仍对人的安全的意义充满怀疑,认为这种说法太过模糊和宽泛,以至于无论是分析上还是实践中都鲜有实际意义,然而决策者们已经逐渐意识到将人的安全作为政策框架的重要性了。他们相信,推广人的安全概念将会使更多人关注那些不利于人的自身发展的问题,这些问题包括内乱、镇压、践踏人权、大规模平民流离失所、毒品军火交易、赤贫、艾滋病传染、粮食紧缺和环境灾害。

"人的安全"一词首先出现于 1994 年联合国发展计划署公布的《人类发展报告》中。这份报告旨在挖掘后冷战时期的有利资源,并将其纳入发展规划当中。该报告中提出的人的安全的定义也不甚明了,人的安全被定义为下述七种不同安全类型的总和:(1)经济安全,其面对的威胁包括失业、工作不稳定、收入分配不均、贫困、无家可归;(2)粮食安全,其面对的威胁包括粮食供应不足和粮食分配不合理;(3)健康安全,其面对的威胁包括传染病和寄生虫病、新病毒和呼吸道感染;

---

[1] *Ibid.*, p. 40.
[2] Miller, B. (2001), "The Concept of Security: Should it be Redefined?", *The Journal of Strategic Studies*, 24/1: 23-27.

（4）环境安全，其面对的威胁包括空气恶化、水资源污染、土壤流失以及森林减退；（5）人身安全，其面对的威胁包括歧视、受剥削、犯罪、恐怖主义等；（6）共同体安全，其面对的威胁包括种族和社区冲突；（7）政治安全，其面对的威胁包括践踏人权。[1] 与此同时，加拿大政府采取类似的方法，将"人的安全"定义为免受武力威胁和免受非武力威胁的安全。这种安全是一种状态，其显著特点就是免受那些侵犯人类权利和危害人身安全威胁的影响。[2] 虽然这些定义由于过于宽泛而饱受争议，但还是引导我们更多关注人类全体对最大安全保障的需求。本章对于将贫困纳入安全范畴内的讨论与这些定义实质上是相关联的。

虽然人的安全的首要指涉对象是个人，但这种新学说的支持者并未忽视国家的重要性。在哪一方才是人的安全的主要保障者的问题上，支持者们认为，国家在维护公民安全方面负有重要义务。至少有三个理由可以解释为什么国家在维护人的安全方面负有主要责任。第一，国家安全和个人安全互相关联。甘地·巴伯（Kanti Bajpai）曾论述过个人安全在众多因素当中首要依靠国家安全。[3] 如果国家没能保证最低水平的安全，其境内个人的安全也势必受到威胁。第二，只有政府在就业、教育、健康和社会安全等领域保持政策的连贯性，[4] 相关领域下的人的安全才能得以保证。第三，涉及公共物品的

---

〔1〕 UNDP(1994), *Human Development Report*. Oxford: Oxford University Press, p. 23.

〔2〕 Department of Foreign Affaires and International Trade of Canada(1999), *Human Security: Safety for People in a Changing World*, concept paper prepared by Canadian Department of Foreign Affaires and International Trade, Ottawa, April, p. 5.

〔3〕 Bajpai, K. (2000), *The Idea of Human Security Audit*, Kroc Institute Report No. 19, Fall. The Joan B. Kroc Institute for International Peace Studies, University of Notre Dame.

〔4〕 Colletta, N. J. (2003), *Human Security, Poverty and Conflict: Implications for IFI Reform*, paper for the Commission on Human Security. Harvard University, Cambridge, MA, January, p. 17.

人的安全需要国家行为做保障,使得每个公民都能使用公共物品。[1]

　　然而,国家未能履行其保障人民安全的情况也时有发生。财力限制、机构僵化、管辖无方和政治动乱是国家无法有效保证其公民安全的主要因素。正是在这些情况下,非政府机构(例如教会组织和非政府组织)在对抗影响人的安全的威胁(包括贫困、流离失所、歧视、环境恶化和侵犯人权)方面发挥了重要作用。作为人道主义救援活动的忠实履行者,它们乐于弥补(少数情况下是接管)政府在维护人的安全方面的工作。一些机构,尽管未受到国家重视,却为安全化进程提供了大量的机遇。在许多面临经济危机的发展中国家,政府未能解决资源枯竭、失业、生活水平下降的问题,而将贫困问题安全化的任务则更有可能由非政府机构来承担。在许多案例中,非政府组织使贫困问题引起了世人的关注,在他们看来,如果贫困的状况加剧,那些已经生活于贫穷中的人们将无法生存。从安全的角度看,这些机构使用的言辞通常都强调了政府对弱势群体的忽视。

贫困问题的安全化

　　贫困是一个多维度的概念。在谈到贫困时,这个词包含了人类生活的经济、社会、政治、生理和心理状态。通常意义上,贫困的定义是指缺乏一个人生存所需的物质材料,尤其是食物、住宅、土地和其他资产。然而,之后对贫困的定义包含了其他更多的方面。越来越多的人认为,生活贫困的人已经强烈地意识到他们缺乏话语权、基本权利和

---

　　[1]　"公共物品"是指那些可被所有成员享用或是没法排除一个成员在外均可享用的物品,且随着享用者数量的增加,其成本并不增加。参见 Hampson, F. O. and Zacher, M. W. (2003), *Human Security and International Collaboration: Some Lessons from Public Goods Theory*, paper for the Commission on Human Security. Harvard University, Cambridge, MA, January.

自主性,从而使他们深陷于受剥削和受支配的境地。以下面出自乌干达一位生活贫困的老人的话(援引自世界银行的一份报告)为例:"贫穷和衰败的破坏力实在是太可怕了,只有政府或是大的教会才有能力制止这一切,所以我们自己多少还是有些绝望了。与贫困本身相比,这种极度贫困却又绝望的感觉才最令人痛苦。"[1]

在其他国家,穷人们还提到了因为贫穷而感受到的羞耻感和耻辱感。穷人们受到嘲笑。例如在拉托维亚,社会救助办公室的工作人员粗鲁的行为和轻蔑说教的口吻使穷人们感到深受羞辱。而且,同样使他们感受到羞辱的是,身为穷人,似乎只有乞讨才能生存。与此同时,在亚美尼亚和格鲁吉亚,穷困家庭的父母谈到,自己的子女因上学时穿的是旧衣服而被嘲笑,以至于那些心里留下创伤的孩子们不愿再去学校了。[2] 总而言之,在描述贫困的时候,穷人们感到了无助、无力,他们在被羞辱的同时也被忽视,进而边缘化了。

在亚洲,席卷各地的经济危机使成千上万穷苦人的生活雪上加霜。由于危机中的国家以价格补贴和医疗救助的形式提供基本生活保障的能力大受削减,越来越多的人沦入赤贫。罗伯特・钱伯斯(Robert Chambers)把这种"雪上加霜"解释为无防御能力、缺乏安全感、缺乏抗风险能力、身心惊恐、面临巨大生存压力。[3] 的确,那些在亚洲经济危机中因丢掉饭碗而失去社会保障的人们确实如此。

穷人们很少谈收入,他们更关心的是资产,因为对他们来说,这些资产对于维持生计至关重要。这类资产包括一系列有形的和无形的资源,在需要的时候或是危机关头,个人、家庭、社区可以取而用之。穷人们所述的这些资产,依据迪帕・那拉扬(Deepa Narayan)的观点,

---

〔1〕 Narayan,D. *et al.*(2000),*Voices of the Poor: Can Anyone Hear Us?* Oxford: Oxford University Press, p. 31.

〔2〕 *Ibid.*, p. 38.

〔3〕 Chambers,R.(1989),"Editorial Introduction: Vulnerability,Coping and Policy", *IDS Bulletin*,20/1 : 1-12.

可以分为四类：(1)有形资产，包括土地和物质资本；(2)人力资本，包括医疗保健、教育、培训和劳动力；(3)社会资本，是指社会网络的性质和外延，包括亲属、社邻和社团；(4)环境资源，即绿地、林地、水源和经济林产品。[1] 国家发展机构的决策者在制定形形色色的救助方略时没有把这些资产考虑在内，从而导致虽然多少响应了穷人们的一些呼声，却始终未能真正使穷人们参与其中。

20 世纪 80 年代，一种新的扶助方法在非政府组织中开始施行，即强调被扶助人的亲身参与和对他们声音的倾听。非政府组织机构开始呼吁出台一项以人为本的扶助计划，使得机构和社会有能力更加支持平民依靠自身努力，掌握主动权，自己承担义务，防止贫困蔓延。[2] 依据先前的经验，各个非政府组织开始意识到需要在分配资源时，将分散的权利统一收归扶助机构，并与被扶助对象的自我统筹相结合。这种新的扶助方法源于对贫困认识的改变。原先贫困通常被视做缺乏维持生计的最基本食物摄入、有形资产（如土地、住处、衣物及其他）和人力资本（如教育和技能）。因此，援助计划——最初由非政府组织实施——的目的被局限在提供技术援助和保证基本医疗保障、水源供应和创造收入来源。然而在这之后，贫困被更多的人视为是政治问题，即由于受到剥削、不公平待遇、政府忽视和决策失误的影响而引发的一种无助的状态。因此援助计划的目的也从仅仅提供基本生活需要发展为通过游行、宣传和动员活动，力争消除导致贫困的根本原因。

这样的一种崭新思维在学术界引起了共鸣。20 世纪 90 年代，剑桥大学三一学院的阿玛蒂亚·森（Amartya Sen）提出了一项基于权利的发展范式。在这种范式下，发展不再与人权分离开来，而是与人权一样，都是社会变革中不可或缺的一部分。森对"发展"的定义是，对

〔1〕 Narayan,D. *et al.*,*Voices of the Poor*,2000,p. 49.

〔2〕 Chambers,R. (1995),"Paradigm Shift and the Practice of Participatory Research and Development",in N. Nelson and S. Wright(eds.),*Power and Participatory Development: Theory and Practice*. London: Intermediate Technology Publications, p. 33.

每个人的能力或享有的基本人身自由，以及按照自己认为有价值的方式生活的能力的扩展。[1] 对此他还补充道："尽管如今的富裕程度前所未有的高，当今世界还是剥夺了不少人的基本自由——也许是大多数人。"[2] 事实的确是这样。用森的话讲，对弱势群体基本权利的剥夺"导致了贫困，也导致了专制；导致了经济缺乏发展机遇，也导致了大规模社会剥削；导致了对公共设施的忽视，也导致了对强权国家的过度反应"。[3] 把发展和自由联系在一起，旨在表明以下两点：首先，更多的人开始意识到，那种着眼于资本、知识、技术转移的传统观点已不足以消除因剥削和不公正待遇导致的贫困。其次，人类需要免受来自外部的威胁，即暴力、恐吓、剥削以及制度不公正——这种观点正日益为人所熟知。

　　尽管国家在维护人的安全的过程中担负主要责任，但是在一些情况下，国家本身就是人的安全问题的一部分。当贫困的社区或是个人严重依赖国家机构来获取安全保障的时候，国家一旦分裂，他们便被暴露于威胁之下。在 20 世纪 90 年代的东欧和苏联以及遭受金融危机打击的东亚及东南亚地区，这种威胁尤为明显。在这些地区，大多数国家的公民都感觉到自己已被国家抛弃，由于政治动乱，他们中的许多人都陷入了贫困的境地。[4] 在印度尼西亚，穷人们把导致自己贫困的原因归结为政府对财政支出的削减和就业机会的锐减（国际货币基金组织如是评论）。他们的这种不满和抗议在多数的游行示威和暴力冲突中得以充分表露。事实上，在 1997 年至 2001 年期间，社会暴力冲突事件由 1997 年的 15 起增加至 1998 年的 124 起，1999 年达到了 300 起，2000 年达到了 408 起，直至 2001 年的 233 起。同时，由于这些暴力冲突而死亡的人数在 1997 年共计 131 人，1998 年 1343

---

〔1〕　Sen, A. (1999), *Development as Freedom*, Alfred A. Knopf, New York, p. 87.

〔2〕　*Ibid.*, p. 88.

〔3〕　*Ibid.*, p. 1.

〔4〕　Narayan, D. *et al.*, *Voices of the Poor*, 2000, p. 100.

人，1999 年 1813 人，2000 年 1617 人，2001 年 1065 人。[1] 伴随着这些暴力冲突事件数目的增加，国家官员逐渐丧失了他们在民众中的公信力。穷人们为了表达内心对于国家官员的失望，通常把这些官员叫做"骗子"、"诈骗犯"、"投机者"，或者直接叫他们"盗贼"。

印尼的案例说明贫困和冲突是紧密相关的。世界银行的易布拉欣·巴达威（Ibrahim El Badawi）认为，内战和贫穷联系紧密，这种联系不可分割。内战破坏了物质、人力和社会资本，导致生产无法正常进行，从而失业增加，社会割裂，人身面临更多威胁，[2]因此也就造成了贫困的出现和加剧。另一方面，贫困也为冲突埋下了火种。依据威廉·伊斯特利（William Easterly）的论断，收入和资产的分配不均，尤其是发生在种族间和社区间的不平等，会导致严重的暴力冲突。[3]卢旺达似乎是贫困引发严重暴力冲突的极端案例。安德鲁·斯多瑞（Andrew Storey）论述道，20 世纪 80 年代具有家长式作风的地方自治主义制度保证了土地和收入分配的平等，然而到了 90 年代，这种制度沦落为一种"野蛮的个人主义"。这种新的财富分配方式导致了胡图族（Akazu）的首领们逐渐接管了那些先前由有着图西族血统的债农所控制的土地。[4]当贫困加剧、土地愈发稀缺时，为了生计的争斗夹杂着种族仇恨，顷刻间演变成一场自二战以来最为血腥的种族屠杀。

亚洲各国对于有关人的安全的争论还略显陌生。长期以来，与这个地区相联系的是侧重战略军事安全事务的传统安全观，阿拉宾达·

〔1〕　Tadjoeddin，M. Z. (2002)，*Anatomy of Social Violence in the Context of Transition：the Case of Indonesia* 1999-2000，working paper 02/02-E，United Nations Support Facility for Indonesian Recovery，Jakarta，April，p. 29.

〔2〕　Badawi，I. E. (1999)，*Civil Wars and Poverty：the Role of External Interventions，Political Rights and Economi Growth*，paper for the World Bank Development Economic Research Group Conference on Civil Conflicts，Crime and Violence，Washington D. C.

〔3〕　Easterly，W. (1999)，"Life During Growth"，*Journal of Economic Growth*，4/3：240.

〔4〕　Storey，A. (2000)，*The World Bank's Discursive Construction of Rwanda：Poverty，Inequality and the Role of the State*，working paper No. 1，School of Sociology and Social Policy，Queen's University，Belfast.

阿查亚(Arabinda Acharya)和阿米塔夫·阿查亚(Amitav Acharya)认为,一方面是出于为了维护后殖民时代下新建立国家主权神圣性的目的,另一方面,与其他地区相比,民主的可持续性和广泛性不足。两方面原因共同导致了亚洲对于人的安全的概念略显陌生。[1] 尽管有些学者认为非军事安全应被纳入扩展后的安全观,但传统主义者对于该地区安全观的立场分毫未变。20 世纪 90 年代末期,在从经济危机复苏的过程当中,与人的安全有关的事宜开始吸引更多的关注,尤其是来自决策者的关注。在由国家机构召开的各类会议上,人的安全的问题开始被述及。

泰国外长苏林·比素万(Surin Pitsuan)在"东盟 2020"会议开幕式上,强调了人的安全与社会安全网络之间的关系。[2] 各国就这一问题召开了专门的研讨会。以日本为例,2000 年 7 月 28 日,日本外务省在东京举办了"国际人的安全问题研讨会",与会者分别是来自不同的国际组织、政府机构以及非政府组织的代表。此次研讨会上,联合国难民署事务高级专员绪方·贞子(Sadako Ogata)强调,要把人的安全作为现实的必需,尤其是在重建那些在内战和国际冲突中被毁社区的过程中。[3] 另外,阿玛蒂亚·森强调了在经济衰退过程中更应保障人的安全。他同时也指出,人的安全概念的采纳需要建立在超越布雷顿森林体系的国际框架之上。[4] 虽然在近期内,人的安全不会在政策规划中占据显著位置,但值得注意的是,亚洲地区开始越来越多地关注人的安全的话题,并就此展开广泛讨论。

贫困是如何被安全化的呢? 谁是行为体、指涉对象、目标听众?

---

〔1〕 Acharya,A. and Acharya,A.(2001),*Human Security in Aisa: Conceptual Ambiguities and Common Understandings*,unpublished paper,York University,Toronto.

〔2〕 2000 年 7 月 20 日,Surin Pitsuan 在泰国曼谷召开的"东盟 2020"会议上发表讲话。

〔3〕 2000 年 7 月 28 日,绪方·贞子(Sadako Ogata)在于东京高轮王子大饭店(Takanawa Prince Hotel)召开的"国际人的安全问题研讨会"上发表主题演讲。

〔4〕 出自阿玛蒂亚·森(Amartya Sen)教授于 2000 年 7 月 28 日在东京高轮王子大饭店召开的"国际人的安全问题研讨会"上发表的主题演讲。

在向目标听众陈述存在性威胁的时候,哪些言辞被使用? 什么条件决定了贫困是否被成功安全化? 常规之外又需要哪些行动? 这些问题需要将贫困作为一种超越政治化的进程展开更加深入的讨论。政治化进程是将一项议题置于商讨之下,是对这项议题进行选择,一旦选定,需要公共责任做保障。[1] 然而,安全化进程中的某项议题具有紧迫性和现存性的特点,以至于必须绕过常规的政治协商,直接采取超越常规的行动予以解决。[2]

如上所述,当相关行为体认为国家没能履行保护贫困群体职责的时候,这些行为体便会试图将贫困安全化。本章中,行为体(力图减轻贫困危害的非政府组织)向公众陈述了贫困问题的严重态势,并列举出了被国家忽视人群所面临的威胁。他们也呼吁采取超越常规的政治举措来应对贫困问题。因此,这些非政府组织没有指望政府采用常规方法出台扶贫政策,而是呼吁解决的方法即便不反对政府,也应超越政府之外,因为在这些非政府组织看来,政府自身便是造成贫困问题的一部分。

如果把非政府组织作为安全化的行为体,那么也应清楚非政府组织的定义。一些人把非政府组织归类于实施各项社会活动的"志愿组织"、"非盈利机构"或者"调解机构",而这一归类是有失严谨的,因为这一划分的范畴太广,从政治行动委员会到体育俱乐部都可纳入这样的分类。与此相比,霍奇金森(Hodgkinson)和苏玛丽沃拉(Sumari-walla)对该类组织的定义则更为恰当,他们认为非政府组织是指"维护贫困群体、被忽视群体、权力被剥夺群体的利益的组织。这些组织提供社会救助,尤其针对那些未接受过救助的群体。在一些国家,社会

---

[1]　Buzan,B.,Wæver,O. and de Wilde,J.,*Security*,1998,p.29.
[2]　*Ibid.*

福利通过非政府组织向社会分发"。[1] 这个定义是指那些担任一定
社会角色，有着自身组织结构和工作流程的组织。通过发挥自己的媒
介作用，非政府组织力图达到至少两个目的：其一，帮助贫困群体通过
自我救助来解决自身问题；其二，代表被忽视群体斥责那些威胁他们
安全的社会和政治制度。

这样一来，在贫困的安全化问题上，非政府组织成为行为体，贫困
群体成为指涉对象，而公众则成为目标听众。在陈述贫困问题的紧迫
性和呼吁采取超越常规行为来缓解贫困态势时，非政府组织通常都采
用最先由保罗·弗莱雷(Paulo Freire)使用的激烈言辞。[2] 在大多数
情况下，非政府组织经常提到国家的忽视和对人权的侵犯。[3] 但是
也有一些非政府组织认为，贫困群体不应该借助国家来解决自身问题
和实现自身的发展。就贫困问题而言，行为体在安全化进程中的努力
意在激起民众对于国家忽视和忽略人权的愤怒，从而达到获得基本生
活必需品的目的，同时申明贫困问题的解决还需依靠人民自身的
力量。

判定非政府组织是否成功地把贫困安全化绝非易事。原因之一
在于，时至今日，我们仍没有一个标准来衡量某一因素是否被成功安
全化。然而，在非政府组织将贫困安全化的背景下，有三个方面可以
作参考。首先，针对贫困群体生存的威胁是否真的存在？如果存在，
又是在何种程度上使得超越常规的政治行动具有合理性。其次，非政
府组织作为行为体，采用何种言辞来说服目标听众相信贫困问题解决
需要采取紧急措施？再次，为了解决贫困问题，非政府组织将如何打

---

〔1〕 Hodgkinson, V. A. and Sumariwlla, R. D. (1992), "The Non-profit Sector and the New Global Community: Issues and Challenges", in V. A. Hodgkinson et al. (eds.), The Non-profit Sector in the Global Community: Voices from Many Nations. San Francisco: Jossey-Bass Publishers, p. 486.

〔2〕 保罗·弗莱雷是一位巴西的教育学家，他经常提及在平民阶层中的觉悟启蒙和意识建构，目的是为了推动他们自身生理和心理的进步。

〔3〕 Hadiwinata, B. S. (2003), The Politics of NGOs in Indonesia: Developing Democracy and Managing a Movement. Routledge Curzon, London and New York, p. 111.

破常规？上述三个因素将在随后阐述中予以探讨。

存在性威胁的识别：结构调整方案(SAPs) 和穷人的失利

　　近些年来，尽管安全概念的扩展吸引了更多的关注，现实主义学派的安全学者们依然把国家作为最重要的政治组织形式，视其为安全领域内主要的指涉对象。在现实主义者眼中，对内，国家通过建立政治和社会经济秩序对个人和团体的生命权、自由权和财产权做出界定并加以维护；对外，国家保护本国公民不受他国和其他以非国家形式存在的实体行为的伤害。[1] 然而，现实主义者对国家神圣性的推崇正日益因其对国家在保障安全方面能力下降可能性的忽视而备受挑战。过去几年间，越来越多的学者认为，国家在保护其公民身份和人身安全、提供物质福利保障以及维护居住地环境安全方面的能力正在日益下降。

　　上世纪 90 年代以来，亚洲地区经历的危机以及随后政府为此做出的政策调整都表明，国家在保护弱势群体方面的能力正处于急剧下降的过程中。例如，印尼、泰国和菲律宾三国政府不得不接受世界货币基金组织的建议，减少政府预算、中止政府补贴、推动公营和私营企业的合理化改革，而没有出台扶贫计划来救济弱者。对于这些调整政策的受害者而言，国家被视做压迫者，因此也就更加威胁到他们的安全。出于这个原因，如果国家被当做安全领域内主要的指涉对象，那么这将导致对新安全概念的误用，尤其是在那些与印尼类似的国家、政体和政府的合法性受到质疑的地区。

　　这些国家在 20 世纪 90 年代严重的经济滑坡和随后出现的经济

---

　　[1]　Alagappa，M.，"Rethinking Security"，1998，p. 29.

稳定发展期的共同作用下,对于人的安全的争论被带到了一个更为广阔的政治舞台之上。危机使安全的概念扩展到了政治、经济、社会和文化领域。[1] 实际收入的下降使得更多人陷入贫困,造成了食物短缺、营养不良、健康和教育水平下降、犯罪率上升、国际地位下降,而这些问题的解决则远远超出了政府依靠传统的决策模式应对危机的能力。国际货币基金组织的救火计划使得国家面临了更大的压力,这些压力来自于占人口大多数的穷人们。这种情况下,国家处在丧失威信的危险境地,社会开始对国家失去信任。

对于实施过结构调整方案(SAPs)的国家,国际货币基金组织政策引导国家削减预算,使得国家大规模削减了对食品、医疗卫生、教育、农药化肥、汽油、煤油等领域的行业补贴。已经丧失购买力的贫民面临着陷入赤贫的危险境地,粮食营养供应摄入更加不足,患严重疾病的可能性增大。同时,国际货币基金组织推动公营和私营企业合理化改革的政策选择——通常伴随着兼并、收购、清算——造成了大规模的失业。其后果是,人民的实际收入大幅下降。女性不幸成为第一批失业者,因为她们当中的大多数所工作的岗位对企业来说无关痛痒,例如保洁服务、文秘工作和日常职员。丈夫面临裁员的家庭主妇被迫出门上班,通常是在一些临时部门打短工。对于家室众多的男性而言,通货膨胀和实际收入的减少严重降低了他们供养家庭的能力,使得全家面临陷入赤贫的威胁。

1998 年 1 月,在印度尼西亚,印尼总统苏哈托与国际货币基金组织主席迈克尔·康德绪(Michael Camdessus)经过协商签订了意向书(Letter of Intent),这正式标志着结构调整方案被采纳。政府大幅削减对食品、燃料和电力行业的补贴,导致基本原材料和其他产品的价格大幅上涨。印尼的一些大城市因削减政策爆发了抗议、示威游行和骚乱。1998 年 5 月,发生在雅加达、棉兰、梭罗、泗水的暴乱使动乱局

---

[1] Acharya,A. and Acharya,A.,*Human Security in Aisa*,2001,p.7.

势达到顶峰。这些大规模的游行示威转变为数以百计的人被屠杀的大规模暴乱,大部分受害者是印尼华侨,因为他们控制了印尼的工商业。尽管有评论认为国际货币基金组织的结构调整方案是危险的,但其依然被当做解决经济难题最有效的方法延续着。

2000 年 4 月,印尼政府签发了另一份包含三项政策的救助计划。首先,对燃料和电力行业补贴的进一步削减致使燃料价格普遍上涨了 12 个百分点,电力价格上涨了 29 个百分点。其次,通过强化个人所得税查账征收工作(PPh)、对奢侈品征收新税(PPn-BM)、下放财政权的措施重新组织财政收支。其三,在通货膨胀率突破 100 个百分点的情况下,[1]印尼公务员的工资涨幅在 2000 年 4 月仅为 15%,而同年 10 月依然为这个数字。在稳定经济的过程中,贫穷民众对政府的绝望感和不信任感有增无减,这导致全国各地都有因粮食而引发的社会动荡、骚乱和暴力冲突。

当发生经济危机的时候,国家权威一旦随之下降,就会引发社会动乱。在对印尼社会暴力的研究中,泰久定(Tadjoeddin)指出,在经济危机期间,暴力发生的地区分布增多,暴力事件的总数增加,死亡人数上升。从引发暴乱的动因来看,泰久定(Tadjoeddin)指出,在 1990 年至 2001 年期间的暴力冲突中,有 52% 的冲突事件与种族、宗教和移民有关,25% 的冲突事件与食物和民众骚乱有关,22% 的冲突事件是分离主义运动造成的,还有剩下的 1% 属于劳资纠纷引发的冲突。[2]

发生在 1998 年 5 月的暴乱事件被视做印尼政治转型期当中最为严重的一次暴力事件。据统计,在这次反华暴乱中,有 1026 幢房屋、4676 座其他建筑(包括商店、办公室、商场)、1948 辆机动车被损毁和烧毁。死亡人数达到 1188 人,大约 15 万人被迫逃离印尼,其中有将

---

〔1〕 Hadiwinata,B. S. (2002), Politik Bisnis Internasional,Penerbit Kanisius, Yogyakarta,p. 203.

〔2〕 Tadjoeddin,M. Z., *Anatomy of Social Violence in the Context of Transition*, 2002,p. 55.

近 7 万人据说是中国侨民。[1] 经济危机中,种族和宗教的冲突加剧。在马鲁古和波索地区发生的穆斯林和基督徒之间的冲突,以及在加里曼丹岛中部桑皮特的达雅克地区发生的对马都拉移民的大屠杀,都成为印尼历史上最血腥的宗教和种族冲突。

在 1998 年的 1~2 月期间,至少有 23 处地点都不时爆发因食物而引起的骚乱,如 Padang Sidempuan,Pagaralam,Jatiwangi,Kuningan,Cirebon,Pamanukan,Cikarang,Tegal,Pangalengan,Rembang,Brebes,Jember,Bondowoso,Banyuwangi,Tuban,Pasuruan,Bojonegoro,Bima,Praya,Ende,Sampang,Ujung Pandang 和 Donggala。冲突期间,物价飞涨至原先的两至四倍,并且基本生活物资严重短缺,如米、糖和烹饪油。这样的情形使得穷人甚至中产阶级都感到绝望。

国际货币基金组织由于其在稳定经济过程中,对穷人命运所受到的影响缺乏敏感性而日益受到谴责和抨击。讽刺的是,其内部人士,前世界银行经济学家同时也是 2001 年诺贝尔经济学奖获得者约瑟夫·斯蒂格利茨对该组织的政策也做出了强烈的批评。他批评道,国际货币基金组织所犯最严重的错误就是其制定的结构调整方案使那些接受该方案的许多发展中国家面临着社会和政治动荡的危险。[2] 他还补充道,在结构调整方案出台之前,他还警告过迈克尔·康德绪,在像印尼这类种族分裂长期存在的国家中,一旦实施该方案,将会出现严重的社会和政治动荡。[3] 斯蒂格利茨认为,对于因印尼政府宣布大幅减少对食品和燃料行业的补贴而引起的一系列发生在雅加达、棉兰、梭罗、泗水的暴乱,国际货币基金组织应负主要责任。

在印尼其他的一些地区,如东帝汶、亚齐、西帕瓜和里奥,不断加

---

〔1〕 *Ibid.*, p. 39.

〔2〕 Stiglitz, J. E. (2002),*Globalization and Its Discontents*. New York and London: W. W. Norton & Company, p. 119.

〔3〕 斯蒂格利茨坚决表示,1997 年 12 月初于马来西亚吉隆坡召开的、由主要工业国财政部部长和央行行长参加的 G-22 峰会上,他曾警告过世界银行组织的执行总裁 Michael Camdessus,印尼有可能陷入社会和政治动乱之中。

剧的贫困现状以及持续的社会和政治动荡,重新引发那里的人民对自治和独立的渴望。在那些地区,原先在苏哈托当政时被残酷镇压下去的分离主义活动,在他们首领的带领下,重新找回了独立和建国时的势头。尽管这些分离主义者——尤其在东帝汶、亚齐和西帕瓜——声称要建立自己的国家是因为自己属于不同的种族。但是,这种分离情绪同样产生于中央政府对当地资源的绝对控制和对反抗中央活动的残酷镇压。新秩序下的政府采用了包括恐吓、虐待、强奸、谋杀在内的野蛮手段来遏制分离主义势力的发展。

印尼的事例说明了国际货币基金组织和印尼政府在不计后果地实施结构调整方案的过程中,对人的安全问题的无知。为了推行稳定化政策,他们的强硬举措不仅使穷人彻底陷入赤贫,而且还使他们遭受持续冲突的威胁。尽管国家主义者们强烈呼吁断绝与国际货币基金组织的联系,但由于没有其他的办法解决经济危机,印尼总统梅加瓦蒂(Megawati)仍然在为稳定化政策辩护。2003 年 1 月,她的经济团队宣布燃料价格上涨幅度在 6 到 22 个百分点之间浮动,每四分之一度电的价格上涨 6 个百分点,话费价格平均上涨 15 个百分点,这一决定引发了全国范围内的抗议,人们纷纷要求她下台。抗议者们同时也反对她的两项其他政策:将印尼电信公司 42％ 的股权出售给一家新加坡的公司,以及赋予一群知名的前银行家以刑事豁免权。反对者们认为,这些人尚未清偿对国家的债务。[1] 为表达对国际货币基金组织稳定化政策所带来后果的担忧的抗议也时有出现。例如,一个由伊斯兰学生组织和伊斯兰政党组成的松散联盟提出了经济民粹主义、反对私有化和反对全球化的观点。

应印尼最高立法机构之要求,国际货币基金组织延续四年、总额达 48 亿美元的经济复苏方案终于在 2003 年末终止。[2] 在政界,时任

---

〔1〕　Dhume, S. (2003), "Indonesia: Calling the IMF", *Far Eastern Economic Review*, 23 January, pp. 24-25.

〔2〕　*Ibid.*

印尼经济统筹部部长的郭建义（Kwik Kian Gie）依旧抨击国际货币基金组织在资金投放时过于苛刻。虽然他没有提到在国际货币基金组织撤出后国家将如何为发展规划融资，但是他强调，为了允许更多灵活的经济政策出台，必须结束与国际货币基金组织的联系。

　　结构调整方案是如何影响了穷人们的生活呢？在方案刚开始实行的几个月里，穷人们就已经付出惨重的代价。越来越多的城市失业定居者——厂矿工人、商场导购、公交驾驶员、街边小贩、体力劳动者们——被迫栖身于脏乱的小村落中。由于卫生条件差，营养不良和缺少水源供应，他们的子女经常患霍乱、斑疹伤寒、脑膜炎、痢疾、皮肤病、流感、窦类炎症和眼部感染等疾病。马克斯·莱恩（Max Lane）曾经描述了金融危机中居住在城市的穷人的生活质量是何等之差：

> 城市贫民——厂矿工人、商场导购、超市雇员（多是女性）、体力劳动者们、公交驾驶员、街边小贩等——栖身于脏乱的小村落中。那里没有水，垃圾满地都是，下水管被堵住了，蚊子成群乱飞，房子狭小不堪，人们只有像沙丁鱼罐头一样一层叠一层才能有睡觉的地方……那里的人们每月大概只有 100 到 300 个卢比的收入，约合 12 到 36 美元。大多数家里都养着 2 到 5 个孩子。这些孩子们经常患霍乱、斑疹伤寒、脑膜炎、痢疾、皮肤病、流感、窦类炎症、眼部感染等疾病。[1]

　　结果，贫困率大幅上升。在 1996 年经济危机前，据估计有 3770 万人口生活在贫困线以下；1999 年，这个数字增高到 5580 万，增幅达

---

〔1〕 Lane, M. (1999), "Mass Politics and Political Change in Indonesia", in A. Budiman *et al*. (eds.), *Reformasi: Crisis and Change in Indonesia*, Monash Papers on Southeast Asia No. 50. Monash Asia Institute, Monash University, Australia, p. 274.

到 48 个百分点。[1] 据印尼中央统计局统计显示,印尼的贫困率从 1996 年 2 月的 19％攀升到了 1998 年 9 月经济危机最为严重时的 37％。[2] 印度尼西亚家庭生活调查(IFLS)的调研结果显示,享用公共医疗保障的成年人比例在 1997 年至 1998 年间从 7.4％下降至 5.6％;在此期间,享用医疗服务设施的儿童比例也从 26％下降至 20％,5 岁以下儿童的比例下降更明显,由 47％降至 28％。[3]

　　印尼的非政府组织认为,在这样紧急的状况下,需要通过立刻采取超常规政治决策行为的方法加以面对。因为他们认为政府应国际货币基金组织之要求而采取的削减财政及合理化改革政策,已经使得人民陷入赤贫的境地。为此,他们提出,解决方案应该来自于人民,而不是来自于政府,因为政府本身的行为就使得威胁进一步加剧。

非政府组织与贫困的安全化

　　国际货币基金组织削减社会财政支出的主张使得政府在社会发展过程当中保障人的安全的能力下降,这就为非政府组织发挥作用搭建了一个广阔的平台。作为关键行为体,非政府组织向弱势群体提供基本的救助。非政府组织在这个社会中的作用会越来越显著,更受人尊敬,更加受到社会的保护。许多非政府组织——尤其是那些在发展中国家发挥作用的——向社会提供医疗、教育救助、创造经济发展契机、主张人权,他们的成就已为世人所瞩目。

〔1〕　BPS,Bappenas and UNDP(2002),*Indonesia Human Development Report* 2001: *Towards a New Consensus*,BPS,Bappenas and UNDP-Indonesia,Jakarta.

〔2〕　Chowdury,A. and Setiadi,G. (2002),*Macroeconomic Aspects of Poverty and Health in Indonesia*,working paper No. 02/06,United Nations Support Facility for Indonesian Recovery(UNSFIR),Jakarta,July,p. 17.

〔3〕　*Ibid.*,p. 18.

在维护人的安全的领域内,[1]可以看出,非政府组织在发挥着自己的作用。即当人们认为国家没能在基本医疗保健、教育、维护穷人经济利益和保护人权方面发挥作用的时候,非政府组织便登上舞台,使穷人们免受潜在的社会、经济和政治威胁,并且向公众宣传贫困群体所面临的困境。

结果是非政府组织迫切告知公众,国家的忽视已使得数以千万计的穷困人民的生命处于危险当中,尤其是那些结构调整方案的受害者。在许多国家,非政府组织用言辞来突出国家维护穷人权益的失败。对于他们来说,国家的忽视使得打破现有发展政策的既定模式具有了合理性。在一些情况下,非政府组织依靠筹措资金、发展社区和自助行动的方式实施紧急行动。在拉丁美洲的案例中,大卫·莱曼(David Lehmann)认为贫苦人民生活质量的严重下降导致社区联合和协调行动的出现,其直接目的在于降低日常生活的成本或为统筹工作提供一些收入。[2]这种自愿主义最初产生于来自教会团体和非政府组织的外部援助。后来,借助当地关心社会的中产阶级所组成的非政府组织的帮助,这些联合的社区组织性逐渐增强。

印度尼西亚在1997年的金融危机中,也出现了类似的组织形式。"关心母亲之声"(SIP)、善知社以及都市贫穷联盟(UPC)等非政府组织通过以贫穷者更能接受的价格向其提供重要食物的方式开展紧急救助行动。他们从中产阶级家庭募集资金用来补贴食物,借此降低价格。这种协作的努力不仅成功减轻了社区内贫困者的压力,而且建立了一套以团结社区为基础的紧急救助计划,而国家是不参与其中的。

非政府组织参加维护人的安全活动至少基于以下三个原因:首先,人的安全,例如医疗保健、教育、贫困减轻和人权保护等问题,已经

---

〔1〕 Michael, S. (2002), *The Role of NGOs in Human Security*, paper for the Commission on Human Security, Harvard University, Cambrige, MA, May, p. 5.

〔2〕 Lehmann, D. (1990), *Democracy and Development in Latin America: Economics, Politics and Religion in the Postwar Period*. Cambridge: Polity Press, p. 151.

被提上了非政府组织的议程。当非政府组织与他们的委托人和受益者协同努力时,他们的首要目的是实施行为,弥补因缺少医疗保健设施、教育水平低下、谋生途径被限制和人权遭侵犯而带来的损失。莎拉·迈克尔(Sarah Michael)认为,非政府组织会利用每一次机会,通过解决问题促进对人的安全的维护。[1]　其次,与维护人的安全有关的行为动机使得非政府组织在面对受益人、赞助人、政府和公众时享有良好的声誉。如果非政府组织力图将他们的行动从简单的发放补给品扩展至包括提供收入来源、宣传、民众动员,决策和抗议等一系列行动,他们必须在潜在的受益人、赞助人和政府之中树立并保持良好声誉来增加自身的合理性与合法性。其三,之前非政府组织曾被批评道,由于较为关注中短期的目标,因而其存在时间不会长久。但是人的安全为非政府组织的存活和可行性提供了机遇。鉴于此,从事人的安全相关的活动使得非政府组织更关注预防性措施和提出长期规划和方案。[2]

　　出于显而易见的理由,非政府组织经常批评结构调整方案。对于他们而言,推行结构调整方案的政府没有关注这些政策对贫困人群的影响。他们反对政府调整政策的方法,因为政府很少就此向那些最能预料出该政策后果的组织展开咨询,或者说根本就没有咨询过。对于许多非政府组织中的积极分子来说,稳定化时期中的众多改革似乎更像是一项意识形态行动,而不是为了推动可持续发展。因此,这些改革总是既突然又空泛。改革措施,除非是明确表明了要救助贫困群体,通常对社会起的是破坏作用。[3]　以拉丁美洲为例,曼努埃尔·西奇里沃加(Manuel Chiriboga)认为,非政府组织强烈反对新自由主义政策模式是因为他们相信私有化会导致大规模失业,从而增加贫困的

---

〔1〕　Michael,S.,*The Role of NGOs in Human Security*,2002,p.18.

〔2〕　*Ibid.*,p.19.

〔3〕　Clark,J.,*Democratizing Development*,1991,p.203.

发生率。[1]

在逐渐加剧的金融危机中，非政府组织是如何使得贫困安全化的呢？在将贫困作为一项安全话题时，非政府组织采用了哪些言辞呢？如上文所述，在陈述贫困人口面临的生存威胁时，他们通常采用引自保罗·弗莱雷在"觉悟启蒙"和"意识构建"替代教育中的激烈话语。在印尼 1999 年 8 月的一次会议上，一个国际非政府组织联盟印尼发展的国际 NGO 论坛（INFID）警告公众，政府为了达到国际货币基金组织制定的条件，正使贫困人群生活面临威胁。一些激进的非政府组织甚至更进一步，把国家称做贫困人民的"敌人"。为了抗议雅加达当地政府打击人力三轮车夫和街边商贩，并且将穷人从他们居住的小村落驱赶出去的行为，都市贫穷联盟动员穷人们在当地政府办公室门前搭建帐篷来和当地政府做斗争。在抗议横幅上，都市贫穷联盟打出的标语是"政府是穷人的敌人（Pemerintah adalah musuh rakyat kecil）！"[2]

都市贫穷联盟同时也利用国家刊物和电子媒体来向公众宣告穷人受到了政府的不公正待遇，穷人针对政府专横行为的对抗应当得到辩护。他们敦促公众谴责政府对城市贫民的忽视。对于他们来讲，结构调整方案有意侵犯了穷人们的生存权。在多数情形下，他们向公众宣布政府威胁了穷人们的生活。

显而易见，在非政府组织将贫困安全化的言辞中，指涉对象是那些受到经济危机不利影响的穷困群体。对于非政府组织而言，国家对国际货币基金组织解决方案的言听计从严重威胁了城市贫民的生存，使得他们必须面对高通货膨胀率、经济冗余和低生活标准的处境。然而，将社会中的一个特定阶层作为指涉对象，不利于非政府组织将贫

---

〔1〕 Chiriboga, M. (2002), "Latin America NGOs and the IFIs: the Quest for a South-determined Agenda", in J. A. Scholte and A. Schabel (eds.), *Civil Society and Global Finance*. Routledge, London, p. 41.

〔2〕 "UPC Galang Aksi Melawan Pemda DKI", *Kompas*, 14 August 2001.

困安全化的努力。正如布赞和其他意见相同者认为的那样：

> 阶层不能从安全的指涉对象中被划离出来，但是到目前为止，将阶层安全化的努力的成功只是局部和暂时的。值得注意的是，非赢利的经济体（特别是生存性的农业）以家庭或扩大的家庭作为单位。尽管整个地区（特别是撒哈拉以南的非洲）是基于这些原则，但是除了一些研究社区发展的著作的发现之外，这些经济活动没有被政治化或安全化。[1]

在这样的背景下，安全化与意识形态对抗和阶级斗争混淆在一起。当一项议题被用来支持意识形态对抗时，从特定行为体和行为机构传达来的信息就不会为所有目标听众所接受，因为这个信息只代表一个特定阶级的利益。出于此原因，我们要谨慎对待非政府组织为了将贫困安全化而使用的言辞。

然而，一些印尼的非政府组织成功地避免了与意识形态对抗的直接关联。这些非政府组织产生于一些小的旨在动员贫民展开自我救助行动的扶助方案。他们没有提出阶级斗争的观点，而是更关心独立于国家范畴之外来推动发展，因为他们认为国家已经失去能力和兴趣来重视穷困群体的生活。这些非政府组织没有对国家宣战，他们相信只有由人民实施他们自己的发展方案，人民才能对发展享有自治权。下文将会对两个非政府组织——日惹自立发展基金会（BSY）和CD-贝塞斯达项目——的案例予以探讨，用以阐释非政府组织是如何独立于国家范畴之外推动发展的。这两个案例将表明印尼的非政府组织采取了超越常规发展政策的行动。

---

[1] Buzan,B.,Wæver,O. and de Wilde,J.,*Security*,1998,p.101.

独立于国家之外的发展:打破常规

　　发展的常规做法是由国家承担社会经济发展的主要责任。在过去的数十年间,发达国家不断对发展中国家进行发展援助。然而,近些年来,部分发展援助是通过世界上的非政府组织和掌管社区发展事宜的国家机构实现的。这些国际非政府组织反过来也支持援助了发展中国家的非政府组织。

　　在印度尼西亚,非政府组织自 20 世纪 60 年代开始在社区发展行动中日趋活跃。之前,他们举行小规模的援助发展活动,从外国教会和其他怀有良好意愿的人们那里募得资金。随后他们逐渐开始扩展他们的活动,从其他机构获得资金,包括从外国政府的发展机构得到援助。在经济危机期间,许多非政府组织以各种不同形式的活动来减轻危机带来的不利影响。这些组织中的一部分通过开展救助行动,向结构调整方案的受害者提供食物和衣物的保障。其他一些组织虽未实施社区救助计划,但也动员穷人寻找他们自己解决贫困问题的途径,并对当地政府的决策产生影响。在享有民主转型期内相对自由的同时,许多非政府组织开始扩展自身行动来动员平民。

CD-贝塞斯达和乡村自治的发展

　　日惹(Yogyakarta)的 CD-贝塞斯达是非政府组织当中的一例,它最终完成了从提供医疗保健和收入来源到平民动员的转变。该组织成立于 1974 年,最初是日惹当地一家基督教教会所办医院贝塞斯达的社区发展部门。CD-贝塞斯达最初致力于通过培养乡村医疗骨干(kader kasehaten desa or KKD),向那些缺少医疗服务途径的人提供救护。CD-贝塞斯达招募并培训了数以千计的村民来为他们所在社区提供医疗救助。到 2001 年,这个组织宣布已经为日惹和爪哇地区培养了 3200 名乡村医疗骨干。[1] 这种提供福利的方法被 CD-贝塞斯达延续了多年。然而，由于经济危机中的贫困率不断上升，为了应对贫困，该组织开始将其主要精力转向了依靠动员民众进而控制当地村政府的决策这一路径。

据 1999 年颁布的关于地区自治的第 22 号法案，允许村一级享有民主，尤其是通过成立乡村代表机构（Badan Perwakilan Desa or BPD），行使乡村议会的职能。乡村代表机构的职责是敦促政府更尽其责。意识到其在乡村决策中潜在的影响力，CD-贝塞斯达致力于成立能够对乡村代表机构产生影响的组织机构。在爪哇和印尼东部地区（马鲁古、苏拉威西和东努沙登加拉）工作期间，该组织用自己的言辞批评了当地的当权者。这个组织内的积极分子对公众宣布，厚颜无耻的领导主导了当地乡村的决策，威胁了贫民们的安全，尤其是那些既不是领导亲属、与领导也没有政治关系、以及那些与领导没有私交的穷人们的安全。在各种讨论声中，他们指责当地领导贪婪、腐败、不诚信，对当地疾苦漠然视之。如 CD-贝塞斯达执行主席安德烈·苏比友诺所言："我们不能让当地贪婪的领导为了他们的政治和私人目的将发展基金挥霍一空，从而使得穷苦人民成为他们的受害者。因此，我们必须把发展的主动权从这些骗子和投机者手中夺回并交还给人民。"[2]

1999 年，CD-贝塞斯达将它组织内全部的乡村医疗骨干划归入所谓的人民组织（Organisasi Rakyat or ORA）。这个组织就意识形态、组织技能、民主原则、谈判技术和冲突解决手段方面，对其成员开展培训。起初人们预计人民组织成员能够被选举成为乡村代表机构的代表。以这种方式，CD-贝塞斯达树立了村民们在参与决策过程中的自信，尤其是在决定事关发展优先权和使用村年度整笔扶贫补助金的地

---

〔1〕　引自 2001 年 7 月 6 日，对 CD-贝塞斯达执行总裁 Andreas Subiyono 的采访。
〔2〕　同上。

点和时间等事宜上。而且，人民组织成员与村首脑一起参与乡村代表机构的协商会议，这似乎对提高村政府的可信度和透明度起到了促进作用。以此方式，CD-贝塞斯达不仅能够鼓励村民在决定发展事宜的过程中更加踊跃且依靠自己，还使得在乡村一级推行"制衡"原则成为可能。

日惹自立发展基金会（BSY）和小企业的可持续发展

在帮助城市和城乡结合部的贫民减轻由经济危机带来的不利影响时，日惹自立发展基金会采取的方法略有不同。在使用自己言辞的时候，该基金会提出了在穷人当中存在的无助、被边缘化、无防备能力和受羞辱的问题。该组织意识到贫民们必须被鼓励，由他们自己决定发展的方向，而外部力量则负责为贫民们群策群力提供便利、日程的制定和方案的执行。为此，基金会采取了一种叫做参与性城乡鉴定（PRA）的方法，这是一种对发展问题做出鉴定评估的方法，由当地人民自己鉴定、分析、规划、行动、指导和评估，而外部力量负责提供便利、倾听反馈和了解情况。[1] 这一方法在拉丁美洲、非洲和亚洲得到广泛推广，促使外部力量和当地自身力量在应对贫困时对合作关系有了新的理解。这种合作关系是建立在三个原则之上的：（1）外部力量应当反思自己的概念、价值取向、行为和方法；（2）他们起到发起者、催化剂和提供便利者的作用；（3）贫民群体和边缘化人群能够且应当承担有关自身的调查、分析和规划工作。[2]

1999 年 6 月，在日惹的班图尔（Bantul）地区，该基金会实施了一项被称为"支持待业工人应对经济危机"的计划。该计划旨在：（1）帮助小企业确定并分析导致收入下降的问题因素；（2）帮助小企业找到解决问题的方案。在进行了各项图表分析、绘图分析、资本财富分级

---

[1] Hadiwinata，B. S.，*The Politics of NGOs in Indonesia*，2003，p. 151.
[2] *Ibid.*

和模型分析之后,借助基金会社会工作者的帮助,班图尔地区的小企业(食品店、小商店和家庭作坊)确定了引起业绩下滑的因素。这些因素包括:原材料价格大幅上涨(幅度约在 200% 到 300% 之间);竞争者增多而市场需求下降;高通货膨胀率使生产成本提高;进销渠道窄,使得原材料紧缺。

为了达到既定目标,日惹自立发展基金会设计了四套行动方案,包括:(1)成立小企业联盟,避免成员内部恶性竞争;(2)由新成立的联盟统一购买原材料;(3)鼓励联盟成员大规模采购原材料并建立统一储存机制,以避免出现紧缺局面;(4)成员间协作,扩大在其他城市不同市场的消费者覆盖面。总体而言,该基金会在班图尔的方案在培养当地人民解决自身问题的能力方面还是较为成功的。人民组织依靠自身力量,提出统一方案来解决他们共同面临的问题,这在事实上培养了人民依靠自我应对困难的乐观精神。

成功等级和潜在影响

虽然上述两个印尼非政府组织都没有打算由自己代替政府担负起保障公民安全的责任,但是他们从一定程度上还是以一个独立于政府之外的外部组织,尤其在国家遭受经济和政治危机冲击的情形下,担当了提供人的安全保障的角色。他们的行动虽然与国家机构略有重合,然而他们所采用方法和方案的成效使得捐资人、受益者,甚至是目标听众都更能接受他们。这两个非政府组织在保障人的安全方面的作用由于以下原因具有了合理性。首先,通过雇用尽责尽力的社会工作者,CD-贝塞斯达和日惹自立发展基金会都得以与他们的目标群体建立了紧密的联系,这使得他们能够赢得所服务人民的青睐和信任。其二,这两个非政府组织乐于倾听人民的声音,并允许人民自己寻找解决问题的方案,这提高了人民的参与度。其三,两者作为促进者(而非决定者)的角色培养了人民依靠自我应对困难的乐观精神。

CD-贝塞斯达和日惹自立发展基金会的事例说明了非政府组织在作为国家替代机构维护人的安全时的积极作用。在贫困普遍存在之处,国家面临经济和执政合法性的双重挑战,公众对于国家的能力日益缺乏信心。在这种情况下,非政府组织可以对社会起到重要作用。当国家越来越被视做问题本身一部分的时候,非政府组织依靠尽心尽力的成员能够提出补充或代替政府政策的解决方案,用以减轻经济危机的不利影响。在这一方面,非政府组织可以把自己称为非传统安全领域的合法行为体。

这两个非政府组织在将贫困安全化的过程中有多成功呢?从非政府组织在将贫困安全化过程中所体现出的成效这个角度讲,可以说,两者的确取得了局部的成功。尽管这两个非政府组织使得公众相信,国家在应对贫困问题上缺乏能力,从而使其接受了超越常规政策方法的解决办法,但是他们从安全角度谈论贫困的权威性和合法性依然受到质疑。当非政府组织对平民进行组织和动员时,公众——至少在印度尼西亚——总是怀疑他们会引发一场带来混乱与动荡的革命。因此,非政府组织在努力使自己成为安全化过程中的行为体方面任重而道远。尽管他们成功提出了超越国家职能范畴的解决方法,两者仍然需要说服公众和国家,他们自己的方案在政治上、社会上、道德上是可行的,经济上是可靠的。

非政府组织努力将贫困安全化会对国家决策产生哪些影响呢?虽然非政府组织的活动没有敦促政府将贫困视为一项需要采取紧急措施予以应对的事务,但是他们在政府忽视和平民自我管理方面的言辞使得一些政府官员意识到贫困问题的严重性。尽管缺乏经济资源,政府还是被迫针对发展最为落后地区的穷人制定社会安全体系方案。在外界——世界银行、亚洲发展银行和日本国际协力银行——的资助下,1999 年至 2000 年间,印尼政府在重要食物、烹饪油和其他穷人基本生活物资方面投入了 300 亿卢比之多,约合 300 万美元。[1] 政府通常与非政府组织协作,使最贫穷的人民被纳入救助计划当中。尽管许多非政府组织因涉嫌腐败和虚假而被指责,社会安全体系方案还是对那些经济危机的受害者起到了临时补救的作用,特别是在贫困地区。

因此,虽然非政府组织将贫困安全化的努力没能直接促使政府机构采取紧急措施来应对贫困,但是他们将政府称为穷人的敌人的言辞和在国家范畴外实施方案的努力,使得政府最终对贫困的影响给予更多的关注。新政府——在选举中十分依赖选民的投票——无法承担与"反穷人(anti-wong cilik)"联系起来的后果,因为这样会导致其在下一届选举中失利。出于此原因,他们十分重视非政府组织对国家忽视的言辞的指责,从而对穷人给予了关注。正是从这个方面讲,非政府组织对政府应对贫困问题时的做法产生了影响。

与哥本哈根学派相比,似乎贫困的安全化进程使得在对待非传统安全因素时需要将国家之外的行为体(非政府组织)当做合法的机构。它对现今安全文献能在何种程度上认可非政府组织在维护指涉对象即被边缘化和被忽视群体的安全过程中发挥的重要作用提出了挑战。哥本哈根学派似乎依然坚持,国家行为即紧急政策,才是非传统安全问题的解决办法。本章内容表明,依非政府组织的观点,贫困作为一个安全因素,其解决方案应当超越国家职能界限之外,尤其是当国家出现问题或无法履行职能时。

确实,哥本哈根学派的理论建构于相对较少出现金融崩溃、侵犯人权和合法性受质疑问题的发达国家的经验基础之上。我们缺少对如何在面临严重问题的国家范畴内陈述非传统安全议题的概念解释。在国家面临严重经济危机、执政合法性危机、侵犯平民人权、强制执行及缺乏执政能力的时候,我们必须允许国家之外的行为体保障那些处于危机中的人的生活,并且维护他们的尊严。

---

〔1〕　Hadiwinata,B. S.,*The Politics of NGOs in Indonesia*,2003,p. 125.

结　语

安全概念的扩展使得国家之外的行为体都可以紧密参与到安全尤其是非传统安全事务当中去。就贫困而言,将其安全化的尝试与人的安全的概念密不可分,人的安全概念中将人作为主要的指涉对象。贫困的安全化似乎对哥本哈根学派的安全化路径构成了挑战。哥本哈根学派认为,安全化包括了安全概念的扩展,其超越了国家和军事冲突的范围,以及安全化可以被看做是将特定议题极端的政治化,因而迫切需要政府的决策、公共政策以及资源调配,而在贫困安全化进程中,非政府组织作为行为体参与其中的实践对国家职能提出了质疑。因此,问题的解决应当包含国家之外的行为体。

与认为非传统安全问题的解决办法应当在传统的政府行为和公共政策之内的哥本哈根学派不同,印尼的事例表明,在国家面临严重经济、社会、政治危机的时候,非政府组织有能力提供解决办法。对他们而言,国家——由于腐败、虚伪官员的存在——会威胁到穷人的生活。因此,非政府组织坚持问题的解决方法应当来源于人民而不是国家。我们对于将贫困安全化的复杂本质探讨似乎没有为哥本哈根学派所预料到。我们需要继续将安全化的新概念予以发展,使得这个概念能够对超越公共政策和政府决策模式的紧急行动作出定义,用以为非政府组织作为行为体提供合法性,尤其是在非传统安全领域内。非政府组织更为广泛地参与到捍卫人权、保护环境、减轻贫困、帮助艾滋病患者和解决冲突争端方面的事务之中,这表明了它们在非传统安全事务中的作用不断增强,而这种作用需要得到重视。这个发现意味着,非政府组织作为国家之外的行为体,在维护受国家忽视的弱势群体的安全方面承担了更多的责任。

然而,非政府组织试图成为安全机构所面临的挑战来自于公众对其能力和可信度的认可。由于非政府组织的领导和成员并非由人民选出,而且非政府组织仅仅作为被边缘化人群的代言人,他们在陈述穷人面对真正威胁时的言辞也许不会完全使公众信服。这种情况下,非政府组织所缺乏的就是合法性,在陈述紧急局势时能够保证其权威性。但是,我们这个案例表明了非政府组织在将贫困安全化的进程中所取得的局部成功。虽然印尼政府没有完全被非政府组织将贫困作为重大安全议程的主张所说服,但是安全的指涉对象(贫民)在一定程度上相信了他们的安全受到威胁。

在 CD-贝塞斯达和日惹自立发展基金会的事例中,显而易见的是,安全的指涉对象意识到了由于国家在实施结构调整方案时期缺乏能力和兴趣来保护穷人的利益不受国际货币基金组织的侵害,自己更容易受到贫困威胁。因此,这类非政府组织能够动员自身内部力量质疑当地领导的决策,并宣传他们自己提出的解决方案。总而言之,在说服安全的指涉对象采取超越对国家的依赖而制定发展方案和采取相应举措方面,非政府组织取得了局部的胜利。这使得贫困人群可在CD-贝塞斯达和日惹自立发展基金会的协助下,制定一个协作方案来共同解决他们所面对的问题。

参考文献

Acharya, A. and Acharya, A. (2001), *Human Security in Aisa: Conceptual Ambiguities and Common Understandings*, Unpublished paper, York University, Toronto.

Alagappa, M. (1998), "Rethinking Security: a Critical Review and Appraisal of the Debate", in M. Alagappa, *Asian Security Practice: Material and Ideational Influence*. Stanford: Stanford University Press, pp. 22-41.

Annis, S. (1987), "Can Small-scale Development be Large-scale Policy? The Case of Latin America", *World Development*, 15(supplement): 129-134.

Bajpai, K. (2000), *The Idea of Human Security Audit*, Kroc Institute Report No. 19, Fall, The Joan B. Kroc Institute for International Peace Studies, University of Notre Dame.

Blair, H. (1997), "Donors, Democratization and Civil Society: Relating Theory to Practice", in M. Edwards and D. Hulme(eds.), *NGOs, States and Donors: Too Close for Comfort?* MacMillan, London, pp. 23-51.

BPS(Indonesian Centre for the Statistical Bureau) (2000), *Statistik Indonnesia*, Badan Pusat Statistik, Jakarta.

BPS, Bappenas and UNDP(2002), *Indonesia Human Development Report* 2001: *Towards a New Consensus*, BPS, Bappenas and UNDP-Indonesia, Jakarta.

Buzan, B., Wæver, O. and de Wilde, J. (1998), *Security: a New Framework of Analysis.* Lynne Rienner, Boulder, CO.

Chambers, R. (1989), "Editorial Introduction: Vulnerability, Coping and Policy", *IDS Bulletin*, 20/1: 1-12.

Chambers, R. (1995), "Paradigm Shift and the Practice of Participatory Research and Development", in N. Nelson and S. Wright(eds.), *Power and Participatory Development: Theory and Practice.* London: Intermediate Technology Publications, pp. 31-49.

Chambers, R. (1997), *Whose Reality Counts? Putting the Last First.* London: Intermediate Technology Publications.

Chiriboga, M. (2002), "Latin American NGOs and the IFIs: the Quest for a South-determined Agenda", in J. A. Scholte and A. Schabel(eds.), *Civil Society and Global Finance.* Routledge, London, pp. 39-58.

Chowdury, A. and Setiadi, G. (2002), *Macroeconomic Aspects of Poverty and Health in Indonesia*, Working Paper No. 02/06, United Nations Support Facility for Indonesian Recovery(UNSFIR), Jakarta, July.

Clark, J. (1991), *Democratizing Development: The Role of Voluntary Organizations.* Earthscan, London.

Colletta, N. J. (2003), *Human Security, Poverty and Conflict: Implications for IFI Reform*, paper for the Commission on Human Security, Harvard University, Cambridge, MA, January, 2003.

Department of Foreign Affaires and International Trade of Canada(1999), *Human Security: Safety for People in a Changing World*, concept paper prepared by Canadian Department of Foreign Affaires and International Trade, Ottawa, April.

Dhume, S. (2003), "Indonesia: Calling the IMF", *Far Eastern Economic Review*, 23 January, pp. 24-25.

Di Maggio, P. J. and Anheier H. K. (1994), "The Sociology of Non-Profit Organizations and Sectors", in S. M. Oster(ed.), *Management of Non-Profit Organizations*. Dartmouth, Brookfield, USA, pp. 187-204.

Easterly, W. (1999), "Life During Growth", *Journal of Economic Growth*, 4/3: 234-258.

El Badawi, I. (1999), *Civil Wars and Poverty: The Role of External Interventions, Political Rights and Economi Growth*, paper for the World Bank Development Economic Research Group Conference on Civil Conflicts, Crime and Violence, Washington D. C.

Fowler, A. (1997), *Striking a Balance: a Guide to Enhancing the Effectiveness of NGOs in International Development*. Earthscan, London.

Friedmann, J. (1992), *Empowerment: The Politics of Alternative Development*. Oxford: Blackwell, 1992.

Hadiwinata, B. S. (2002), *Politik Bisnis Internasional*. Penerbit Kanisius, Yogyakarta.

Hadiwinata, B. S. (2003), *The Politics of NGOs in Indonesia: Developing Democracy and Managing a Movement*. Routledge-Curzon, London and New York.

Hampson, F. O. and Zacher, M. W. (2003), *Human Security and International Collaboration: Some Lessons from Public Goods Theory*, paper for the Commission on Human Security, Harvard University, Cambridge, MA, January.

Hodgkinson, V. A. and Sumariwlla, R. D. (1992), "The Non-Profit Sector in the Global Community: Issues and Challenges", in V. A. Hodgkinson et al. (eds.), *The Non-profit Sector in the Global Community: Voices from Many Nations*. San Francisco: Jossey-Bass Publishers, pp. 484-497.

Hulme, D. (1994), "Social Developmeent Research and the Third Sector: NGOs as Users and Subjects of Social Inquiry", in D. Booth(ed.), *Rethinking Social Development: Theory, Research and Practice*. Longman, London, pp. 46-71.

Jorgenson, L. (1996), "What are NGOs Doing in Civil Society?", in A. Clayton(ed.), *NGOs, Civil Society and the State: Building Democracy in Traditional Societies*. INTRAC, Oxford, pp. 87-113.

Killick, T. (1995), IMF *Programmes in Developing Countries*. Routledge, London.

Lane, M. (1999), "Mass Politics and Political Change in Indonesia", in A. Budiman et al. (eds.), *Reformasi: Crisis and Change in Indonesia*, Monash Papers on Southeast Asia No. 50. Monash Asia Institute, Monash University, Australia, pp. 268-278.

Lehmann, D. (1990), *Democracy and Development in Latin America: Economics, Politics and Religion in the Postwar Period*. Polity Press, Cambridge.

Leite, S. P. (2001), "Human Rights and the IMF", *Finance and Development*, A Quarterly Magazine of the IMF, 38/4: 31-34.

Michael, S. (2002), *The Role of NGOs in Human Security*, paper for the Commission on Human Security, Harvard University, Cambridge, MA, May.

Miller, B. (2001), "The Concept of Security: Should it be Redefined?", *The Journal of Strategic Studies*, 24/1: 20-35.

Nandika, M. (2001), *Implementasi Kebijakan Bnak Dunia dalam Menanggulangi Kemiskinan di Indonesia Melalui Program Jaringan Pengaman Sosial*. B. A. thesis, Parahyangan Catholic University, Bandung, Indonesia.

Narayan, D. *et al.* (2000), *Voices of the Poor: Can Anyone Hear Us?* Oxford: Oxford University Press.

Sen, A. (1999), *Development as Freedom*, Alfred, A. Knopf, New York.

Setiawan, B. (2000), "Analisis Terhadap Reposisi Peran ORNOP Pasca Rejim Suharto", in INFID, *Perjuangan Demokrasi dan Masyarakat Sipil: Reposisi Peran ORNOP/LSM di Indonesia*, INFID, Jakarta, pp. 112-135.

Stiglitz, J. (2002), *Globalization and Its Discontents*, W. W. Norton & Company, New York and London.

Storey, A. (2000), *The World Bank's Discursive Construction of Rwanda: Poverty, Inequality and the Role of the State*, working paper No. 1, School of Sociology and Social Policy, Queen's University, Belfast.

Tadjoeddin, M. Z. (2002), *Anatomy of Social Violence in the Context of Transition: the Case of Indonesia* 1999-2000, working paper No. 02/02-E, United Nations Support Facility for Indonesian Recovery, Jakarta, April.

Ullman, R. (1983), "Redefining Security", *International Security*, 8/1, Summer, pp. 68-86.

UNDP(United Nations Development Program) (1994), *Human Development Report*. Oxford: Oxford University Press.

"UPC Galang Aksi Melawan Pemda DKI", *Kompas Daily Newspaper*, 14 August 2001.

第五章 马来西亚处理印尼劳工的方法:安全化、政治化,还是宣泄?

约瑟夫·庆永·廖

Joseph Chinyong Liow

引 言

最近的调查数据显示,马来西亚目前大约有 100 万来自印度尼西亚的非法雇佣工人,这应该是东南亚最大的非法移民劳工流,也是继美国与墨西哥边境非法移民后的最大非法移民活动。[1] 虽然印尼劳工对马来西亚的经济发展起关键作用,但是这些劳工,尤其是那些没有有效工作许可证和旅行证件的劳工常因从事犯罪活动而遭起诉。对此,马来西亚官方已作出回应,将印尼非法移民列为威胁国家安全的一个因素。

本章旨在利用安全化理论提出的分析框架评估马来西亚政府处理其境内非法印尼劳工的问题。[2] 本章首先讨论安全化理论与非法

---

〔1〕 据称,印尼人占了马来西亚合法和非法外来劳动力的 74%。参见"Southeast Asia",*Migration News*,9/3,March 2002.

〔2〕 从某种意义上说,该项目是对于斯曼(Jeff Huysman)观察所作的回应。于斯曼认为,虽然哥本哈根学派早期研究源于对欧洲安全动态性质的研究,其后的研究,尤其是《安全:一个新的分析框架》(*Security: A New Framework For Analysis*)一书,提出了一个适用于欧洲经验以外的分析框架。参见 Huysman, J. (1998), "Revisiting Copenhagen: Or, On the Creative Development of a Security Studies Agenda in Europe", *European Journal of International Relations*, 4/4:479-505.

劳工问题研究相关的几个主要方面。本章第二部分将探讨马来西亚的非法印尼劳工问题的大致情况,特别强调其表现及安全化措施。[1]然后,针对马来西亚政府试图将印尼非法劳工当做一个安全问题处理的过程、逻辑和结果,运用安全化理论进行分析,从而评估安全化理论的适用性和缺点。本章大体上阐述了尽管遵从公众对安全化越来越高的呼声,安全话语已被马来西亚政府和媒体运用于框定印尼非法劳工问题和制定旨在阻止非法劳工涌入的政策,但对安全化进程的细心考查表明,安全化进程和结果的确定基本上是基于政治考虑,这反过来又会加强安全化理论的相关性。它试图区分政治与安全问题,以及对马来西亚境内非法印尼劳工问题的理解。

安全的概念化:哥本哈根学派

自冷战结束以来,安全化的含义越来越多地被更广泛、更全面的术语所阐述。威胁因素的呈现形式、来源已发生改变,所针对的指涉对象亦有所不同,安全议程的扩大正是以这一点为前提的。于是,许多学者对安全重新进行了定义,其范围不仅包括针对传统军事威胁方面的保护,而且包括针对各种各样经济、社会、种族、流行病和环境等方面挑战的保护,来自这些方面的挑战与传统军事威胁相比,其紧迫性也是旗鼓相当的。安全定义的转变反映在过去十年中出现的关于

---

〔1〕　此次研究选择了把重点放在印尼劳工这一案例上,是出于认识到印尼劳工为进入马来西亚非法移民的唯一来源,除此之外,还有如下原因:第一,来自印尼的非法移民是马来西亚境内数量最多的非法移民。第二,把重点放在印尼劳工上限制了此次研究的实践范围,以便于进行更深入的调查。第三,在两国语言与文化关系密切的情况下,印尼非法移民劳工的安全化问题引起马来西亚各界更大瞩目。这就提出了一个具有挑衅性的问题,即尽管两国间这些关系的存在,印尼的非法移民是否还属于安全问题。

安全的替代概念的学术研究。[1] 从本质上讲，范围扩大的安全议程
更重视保障人民及其所组成的社会的安全与福祉。到 20 世纪 90 年
代中期，这一类型的学术研究已经表现出足够的一致性而被命名为哥
本哈根学派。[2] 在一项有影响力的研究《安全：一个新的分析框架》
中，该学派的学者将安全问题定义为：由安全化行为体界定的对指涉
对象产生的存在性威胁，并由该行为体来实施超常规的紧急措施。[3]
总的来说，这些学者认为，安全研究应超越只强调国家间军事关系的
狭窄议程，但同时也要避免包罗一切、夸大概念的结果出现；安全研究
应在各个层次上进行分析，相应地，安全威胁的特殊性质也决定了运
用特别方法处理的必要性。[4]

　　安全化（及其二元对立面——去安全化）的研究作为对确认新安
全威胁的响应也同样被视为哥本哈根学派冲突研究的基石。[5] 这一
路径的中心在于扩大安全概念，同时保留安全问题的突出特点：紧迫
性；国家权力要求合法使用非常手段；被视为潜在削弱主权的威胁妨
碍"我们"在政治上处理其他问题。[6] 换言之，当传统安全界限以外
的问题表现为对某一指涉对象的存在性威胁时，实际上它们已成为安

---

　　〔1〕　这一对安全定义及其范围的重审过程其实开始于更早以前，普遍认为以来自布
赞 1983 年的著作 *People*，*States and Fear*（Brighton：Harvester Wheatsheaf）为起点，"标志
着关于安全定义学术争论开始发生重大转变"。参见 McSweeney，B.（1999），*Security*，*I-
dentity*，*and Interests*：*A Sociology of International Relations*. Cambridge：Cambridge Uni-
versity Press，pp. 52-67. 对布赞的批评，参见 Jones，R. W.（1996），"'Travel Without
Maps'：Thinking about security after the Cold War"，in M. J. Davis(ed.)，*Security Issues in
the Post-Cold War World*. Edward Elgar，Cheltenham，pp. 196-218.
　　〔2〕　McSweeney，B.（1996），"Identity and Security：Buzan and the Copenhagen
School"，*Review of International Studies*，22/1：81-93；and Huysman，J.，"Revisiting Co-
penhagen"，1998. 哥本哈根学派得名于位于哥本哈根的冲突与和平研究中心，大部分关于欧
洲安全议程扩大的研究都由该中心进行。
　　〔3〕　Buzan，B.，Wæver，O. and de Wilde，J.（1998），*Security*：*A New Framework For
Analysis*. Lynne Rienner Publishers，Boulder，C. O.，p. 5.
　　〔4〕　Huysman，J.，"Revisiting Copenhagen"，1998，p. 482；Buzan，B.，Wæver，O. and
de Wilde，J.，*Security*：*A New Framework For Analysis*，1998，p. 21.
　　〔5〕　Huysman，J.，"Revisiting Copenhagen"，1998.
　　〔6〕　Wæver，O.（1995），"Securitization and Desecuritization"，in R. Lipschutz(ed.)，
On Security. New York：Columbia University Press，p. 50.

全问题。同样，虽然传统安全研究的对象一直是区域中的国家，但是安全研究现在的趋势为更深入，更广泛地寻找能够构成"指涉对象"的因素。安全的概念不再只局限于国家的生存，相反，学者已经开始挑战这种对安全的静态解释，开始认为安全这个概念实际上是规范的及动态的，在不同的社会拥有不同的含义。[1] 于是，安全成为一个社会构建的概念，哥本哈根学派的原理很大程度上将"社会安全"视为实现人类和全球安全两个极端中间的重要桥梁。[2]

哥本哈根学派的一个突出论点在于安全化有别于政治化，将安全化议题从常规的政治领域（大致包括政治精英之间及政治精英与指涉对象或国内受众之间的政策辩论，以及在国际安全问题中的外交行为）中区别出来。[3] 此外，安全威胁的确定是被维夫称为"言语行为"的因素，言语行为中的安全指代的并不是某一现实事物，言语本身就是行动。通过使用"安全"一词，国家代表使某一具体领域得到特定发展，从而被赋予行使任何必要手段以防止阻止该发展的特殊权利。[4] 换言之，威胁之所以成为安全问题，是因为它被安全化行为体称为威胁，它不一定必须依赖任何物质的或存在的基础。[5]

然而，正如安全化理论的支持者越来越承认安全话语仅仅是一个过程，其本身并不代表一个议题的安全化。议题是否最终被安全化还取决于受众的接受程度。换言之，正如布赞等人所建议：

我们并不那么迫切地要求一定要采取紧急措施，只是认为存

〔1〕 Baldwin, D. (1997), "The Concept of Security", *Review of International Studies*, 23/1：5-26.
〔2〕 Wæver, O., Buzan, B., Kelstrup, M. and Lemaitre, P. (1993), *Identity, Migration and the New Security Agenda in Europe*. London：Pinter Publishers Ltd, p. 186.
〔3〕 Buzan, B., Wæver, O. and de Wilde, J., *Security：A New Framework For Analysis*, 1998, pp. 23-24.
〔4〕 Wæver, O., "Securitization and Desecuritization", 1995, p. 55.
〔5〕 与此相反，Michael Dillon 认为安全化是"行为的构成原理"。参见 Dillon, M. (1995), "Security, Philosophy, and Politics", in M. Featherstone, S. Lash, and R. Robertson (eds.), *Global Modernities*. London：Sage Publications, p. 158.

在性威胁必须经过辩论，希望为获得紧急措施或其他步骤合法化的可能性的平台提供足够的响应，而如果安全话语没有采取存在性威胁以及只可进不可退和必需的形式，其他的步骤将无法进行。假如不存在辩论与足够的共鸣，我们只能说这仅是安全化行动而非实际上对象已被安全化。[1]

　　哥本哈根学派对安全研究有几点显著的贡献，其中最显著的或许是对安全研究议程的扩展，对非传统安全研究的关注也越来越多。其二，在尝试转变的同时，将注意力从把国家视为安全指涉对象上转移，以扩大对安全的理解。新的分析框架把重点放在"社会"、"身份认同"及"社会保障"上，分析对象超越物质资源进而包括认知和观念上的结构资源。[2] 其三，将安全化过程从政治化过程中区分出来。

移民和新安全议程

　　从概念上来说，移民与国际安全之间的关系变化体现了安全定义的变化，由传统的关系到国家存亡的军事、政治安全向更大范围扩展。冷战末期，欧洲共产主义政权的解体引发从东方到西方跨越欧洲大陆的移民浪潮，并为安全研究议程的扩大提供了关键的推动力，使移民及与其相关的人文、社会、经济、社会保障主题成为欧洲国际政治研究的核心。在这方面，强制性及非法人口流动作为引起国际关注的安全

---

〔1〕 Buzan，B．，Wæver，O．and de Wilde，J．，*Security：A New Framework for Analysis*，1998，p. 25.

〔2〕 McSweeney，B．，*Security，Identity，and Interests*，1999，pp. 68-78.

问题尤为突出。[1]

2003 年的《世界移民报告》估计,多达 1.75 亿人在国外生活和工作,约占世界人口的 3%。[2] 由跨边界的人口流动尤其是非法的、具有无序性质及起因于极端贫困、政治危机甚或军事冲突的人口流动所引起的安全问题已威胁到国内及国际边界的和平、和谐及经济发展,以至于即使"外部安全机构也正在国内寻找来自国外的敌人",模糊了内部安全与外部安全之间的划分。[3] 总的来说,正如莱因哈德·罗曼(Reinhard Lohrmann)所提出,跨境人口流动对国际安全的影响分为以下三个层次:

(1) 对于接受国和过境国的国家安全议程的影响:这些国家将国际人口流动视为对其经济福利、社会秩序、文化和宗教价值观念及政治稳定的威胁。

(2) 对于国家间关系的影响:人口流动往往对双边关系造成紧张局势,影响地区和国际稳定。

(3) 此外,不正常的人口流动也可能对个人安全和尊严产生重大

---

〔1〕 这一文献的代表作,有 Wæver, O. , Buzan, B. , Kelstrup, M. and Lemaitre, P. , *Identity, Migration and the New Security Agenda in Europe*, 1993; Collinson, S. (1993), *Europe and International Migration*. London: Pinter Publishers; Weiner, M. (ed.)(1993), *International Migration and Security*. Westview Press, Boulder, C. O. ; Miles, R. and Tranhardt, D. (eds.)(1995), *Migration and European Integration: The Dynamics of Inclusion and Exelusion*. Pinter, London; Poku, N. and Graham, D. T. (eds.)(1998), *Redefining Security: Population Movements and National Security*. Praeger, London; Vertovec, S. (ed.)(1999), *Migration and Social Cohesion*. Edward Elgar, Cheltenham; and Weiner, M. and Russell, S. S. (eds.)(2001), *Demography and National Security*. Berghahn Books, New York.

〔2〕 International Organization for Migration(2003), *World Migration Report 2003: Managing Migration-Challenges and Responses for People on the Move*. United Nations, International Organization for Migration, New York, p. 2.

〔3〕 Bigo, D. (2000), "When Two Become One: Internal and External Securitization in Europe", in M. Kelstrup and M. C. Williams(eds.), *International Relations Theory and the Politics of European Integration: Power, Security and Community*. Routledge, London, p. 171.

影响。[1] 由于它不仅突出了领土国家控制关键领土方面的脆弱性，而且强调了社会、经济甚至人身安全等其他领域，非法移民问题由此成为扩大安全议程中的一部分。

马来西亚的非法印尼劳工问题

从印尼群岛到马来半岛的移民活动一直以来都是界定印尼－马来世界身份的互动与交流的一个特征。马来人的历史记录，如《马来纪年》、《汉都亚传》和《宝贵的礼物》，记录了人们通过贸易和战争横跨印尼－马来群岛的移民运动，及由此而产生的文化交流。在距今最近的殖民历史中，英国和马来西亚当局推动从印尼到马来半岛的移民运动以满足殖民经济企业的人力需求。[2] 在19世纪的殖民经济政策下，印尼的移民劳工作为对大量涌入的中国和印度劳工的人口缓冲，由于其文化和语言的相似性得到马来贵族和皇室的青睐。后来在20世纪50年代和60年代初期，进入马来西亚的印尼移民出于政治原因也得到马来西亚政府的鼓励，因为他们很容易融入马来社会，从而使马来人口在当地保持领先于中国人口和印度人口的优势。研究这一现象的一位学者观察到，在最初几年中，这些移民受到马来人的"默默欢迎"，因为：

> 当时印尼移民被马来人视为与其"同种同宗"的群体，最终将被当地"土著"同化。因此，正是由于他们终将被当地马来人同化，所以从长期来看，印尼移民被认为能增强马来人对抗非马来

---

[1] Lohrmann, R. (2000), "Migrants, Refugees and Insecurity: Current Threats to Peace?", *International Migration*, 38/4: 3-22.

[2] Cowans, C. D. (1961), *Nineteenth Century Malaya: The Origins of British Political Control*. London: Oxford University Press.

人的选举竞争力。[1]

1969 年 5 月 13 日,马来西亚的种族骚乱发生之后,鼓励印尼移民背后的政治需求更为紧迫。骚乱引发了对马来西亚民族身份的重新评估,并导致了由政府批准的确认政策,旨在巩固马来人在经济及政治领域的统治地位。在马来西亚与印尼关系上,许多马来西亚领导认为,与雅加达的密切关系在当时起到缓冲马来西亚日益占主导地位的华裔社区影响的作用。反华不满情绪达到顶峰时,马来西亚政治事务报告做出如下猜测:

> 与印度尼西亚保持良好关系具有极其重要的意义,因为对马来人来说,印尼是其拥有众多忠诚度不可预知的海外华侨地区中最后的力量来源。[2]

就马来西亚国内这一思想的影响,澳大利亚进一步报道:

> 马来西亚的温和派从与雅加达的新关系中看到抵消中国移民影响的保障因素。更激进马来人的感觉也许会将吉隆坡政府进一步推向反华方向,使马来西亚政策和印度尼西亚政策实现更大程度的协同。[3]

事实上,许多马来人,尤其是马来激进分子,相信倘若与华侨发生

---

〔1〕 Abdullah,F.(1992),"Issues in Malaysia-Indonesia Relations",发表于东盟成员国研讨会,东京,日本,8 月 20 日,第 45—46 页。

〔2〕 "Extract from KL's 1967/8 Annual Report",A1838 3006/4/9 Part 38,NAA,National Archives of Australia.

〔3〕 "Quadripartite Talks:Agenda Item(B)",Department Of External Affairs,Canberra,22 June 1966,A1838 3006/4/9 Part 35,NAA.

冲突,印尼将向他们提供援助。[1] 这种马来西亚多种族的民族特性的脆弱性的消极影响在于,在印尼的支持及其对华侨态度的刺激下,马来激进分子可能会越来越多地利用马来人在政府和行政部门中的人数优势推行反华措施。[2] 正是在这一背景下,20 世纪 70 年代,吉隆坡与雅加达积极合作,鼓励印尼移民进入马来半岛。

到了 20 世纪 70 年代,由于其大规模的现代化计划及相应的劳动力短缺,马来西亚发展将依赖于外国劳工这一事实已基本被决策层接受。紧接着新经济政策实施而进行的工业化项目促使马来西亚经济增长,并开始为外国及当地劳动力提供就业机会。[3] 特别是马来青年向城市迁移为印尼劳工打开了农业领域的大门,推动因素包括爪哇的失业问题及人口过剩,而马来半岛相对较高的工资则是主要的拉动因素。[4] 例如,人们注意到 1997 年印尼劳工在本国每天收入为 0.28 美元,而在马来西亚则为 2 美元或更多。[5] 此外,大多数印尼人易被马来社会同化这一事实有时也使"客人"得益于新经济政策下的扶持行动计划。[6] 即使没有这样的诱因,马来西亚不仅是一个地理位置非常接近的邻国,而且其大多数人口与印尼人在语言、文化甚至种族特性等方面有许多相同之处,这些事实都意味着印尼劳工搬迁到"更绿色的牧场"是显而易见的选择。[7] 到 20 世纪 90 年代,随着马来西亚的城市化进程,印尼劳工已经从农业转移到建筑和服务行业,其人

---

〔1〕　Cable No. 2493,Australia High Commission,Kuala Lumpur,26 July 1969,A1838 3006/4/9 Part 39,NAA.

〔2〕　Jockel to Hasluck,12 May 1966,A1838,3006/4/7 Part 39,NAA.

〔3〕　对这一时期前往马来西亚的印尼商业移民的详细研究,参见 Abdullah, F. (1993),"The Phenomenon of Illegal Immigrants",*The Indonesian Quarterly*,XXI/2,Second Quarter, pp. 171-186.

〔4〕　*Ibid.* , p.43.

〔5〕　"World Migration Tops 120 Million,says ILO report",*Jakarta Post* , 3 March 2000.

〔6〕　"Migrant workers spark resentment in Malaysia",*Far Eastern Economic Review*, 11 January 1990.

〔7〕　众所周知,一些前往马来西亚的印尼移民,包括非法移民,其移民活动确实得到其在马来半岛的亲戚的帮助,而他们的亲戚就是早期移民。

数也大大增加,以满足城市化需求。据移民政策研究所估计,1994 年至 1999 年期间,556575 位印尼劳工合法抵达马来西亚,占马来西亚所有外籍劳工一半以上。[1]

随着 20 世纪 80 年代后期劳动力短缺状况的出现,马来西亚政府于 1991 年底宣布,在外籍劳工招聘政策下允许更多的外籍劳工进入种植、建筑及家政服务行业。不用说,劳动力增加的很大比例为印尼劳工。[2] 不幸的是,马来西亚政府从未成功地推行一项具体并明确界定的移民劳工政策,这不仅阻碍了对外籍劳工状况的严密监控,而且正如本章后文所述,也使印尼劳工问题恶化。[3]

虽然印尼人在历史上就已经迁移到马来半岛,并在其文化和经济的形成发展中起到了关键作用。但近期,印尼劳工却被负面相看,并被指责造成了困扰马来西亚的一系列社会问题,特别是通过苏门答腊岛穿越印尼—马来西亚边境进入马来半岛和马来西亚东部的印尼劳工已被指责缺乏有效证件。

直到最近,由于两国政府为平息这些言论作出了努力,非法移民在政治舞台上已是一个相对平静的问题,否则双边关系将会陷入混乱的局面。然而,外交上的纵容无法掩盖一个事实,即非法印尼劳工正在迅速成为马来西亚政府的一个主要问题,无法找到令人满意的解决办法意味着这一问题仍然是双边关系中一个棘手的问题。事实如此,马来西亚国内非法印尼人口的数量在逐渐增加,其中一个原因是两国邻近的地理位置利于非法移民招募和运送,另一个原因则是非法进入

---

〔1〕 参见国家档案及统计数据(Country Profiles):"Indonesia's Labor Looks Abroad",*Migration Information Source*,September 2002,p. 2.

〔2〕 关于移民劳工给马来西亚经济带来的效益与成本的研究,参见 DeVoretz, D. J. (1999),*Malaysian Immigration Issues:An Economic Perspective*. Vancouver Centre for Excellence,Research on Immigration and Integration into the Metropolis,Working Paper Series,Vancouver.

〔3〕 马来西亚政府在制定政策以处理非法移民劳工问题上显得相当被动,这一看法亦可见于 Kassim, A. (1998),"Profile of Foreign Migrant Workers in Malaysia:Towards Compiling Reliable Statistics",发表于 5 月 19 日至 20 日于吉隆坡召开的"移民劳工与马来西亚经济会议"上。少有从印尼劳工的角度研究马来西亚劳资关系的文献。

马来西亚的印尼人作为就业来源可使雇主免除支付高工资(如属合法移民劳工,则必须与当地人工资一样)、政府债券、遣返费用、住宿、交通及工作许可证的成本。其他的解释认为,腐败及与政府有密切关系的强大人口走私集团的存在及在马来西亚人人可遇到的官僚主义已经削弱了法律的实施与执行,从而使非法印尼劳工问题恶化。除此之外,执法部门、边境巡逻及拘留中心管理机构的人力短缺,以及监视、逮捕、驱逐非法移民及详细记录其情况的高额成本,也一直制约着政府对于印尼劳工的管理和控制。

非法印尼劳工问题的"安全化"

随着多年来进入马来西亚的印尼人口数量的增加,对其可能会使马来西亚的社会结构断裂的担忧也随之增强。这是因为印尼劳工涌入马来西亚的同时,犯罪率也提高了(尤其是在 20 世纪 90 年代中期),而且种种证据表明,各阶层的马来西亚人民皆对这些非法移民的存在表示不满,认为他们是社会问题产生的根源。确实,印尼劳工牵涉和被指控的罪行范围囊括了从小偷小摸到强奸、公开抢劫和谋杀,仅在 2001 年就有 1051 个印尼劳工——迄今为止外籍劳工社区中最大的数字——因犯下这些罪行而被逮捕。马来西亚安全部队也经常发现布满整个马来半岛和马来西亚东部非法移民棚户区中暗藏的武器。

毫无疑问,马来西亚境内规模庞大的无证印尼劳工的存在使事态更为严重。以 1981 年为例,据估计有 10 万非法印尼移民在马来西亚境内。[1] 到 1987 年,据马来西亚职工总会统计,这个数字增加至将近 100 万。移民政策研究所报告早些时候指出,马来西亚政府 1993

---

[1] "Illegal migrant report for Jakarta", *Straits Times*, 15 February 1981.

年对无证印尼移民提供的大赦使 50 万无证移民公开身份；报告也进一步指出，由于无证移民公开身份意味着雇主必须支付移民劳工与马来西亚劳工一样的工资并提供一样的工作条件，显然并非所有没有合法证件的劳工得以在大赦中公开身份。[1] 事实也的确如此，在政府随后的清除全国各地非法外籍劳工的行动中，1992 年至 1994 年期间，发现了 483784 个非法劳工，其中 83.2％是印尼人；1996 年发现了 554941 个非法劳工，其中 59.4％是印尼人。[2] 除此之外，曾有人估计，在马来西亚的所有囚犯中，高达 36％的囚犯是来自印尼的非法移民。[3]

近年来，印尼移民人数的增加使就业竞争更为激烈，特别是在那些马来西亚的传统行业。另一个令人关注的问题是，许多印尼移民（非法或合法）实际上是基督徒，他们利用共同的语言和种族作为劝诱马来人改信基督教的一种途径。[4] 此外，还有一些非法印尼移民到马来西亚的穆斯林社区传播"离经叛道"的伊斯兰教义。[5]

最近，马来西亚媒体对大型的犯罪，尤其是暴动，进行了大规模报道，加深了人们对印尼劳工的负面印象。牵涉印尼工人的暴动经常发生于拘留中心内外，例如 1987 年发生于关丹（Kuantan）监狱的围困人质事件。近来，类似于群众暴力的事件发生频率日益上升，如 2001 年 10 月至 2002 年 1 月期间的一系列骚乱，为马来西亚敲响了警钟。

---

〔1〕 国家档案及统计数据（Country Profiles）："Indonesia's Labor Looks Abroad"，*Migration Information Source*，September 2002，p. 2.

〔2〕 这些数据被引用于 Kassim, A.，"Profile of Foreign Migrant Workers in Malaysia"，1998，p. 7. 更多数据可见于马来西亚移民局档案信息系统部（Division of Record and Information Systems，Immigration Department，Malaysia），*Information on Foreign Workers in Malaysia*. Immigration Department，Kuala Lumpur，1996.

〔3〕 "Malaysia acts to stem tide of illegal immigrants"，*Straits Times*，29 January 1987. 无最近数据。

〔4〕 马来西亚联邦法禁止在穆斯林社区传播非穆斯林教义的行为。

〔5〕 "Indon Bersuami dua"，*Metro*，17 December 1995；"Police detain 16 Indonesians for 'deviationist' teachings"，7 March 2002. Avaiable at ＜http://www. Malaysiakini. com＞（accessed on 17 March 2003）.

2002 年 1 月 17 日,在森美兰州汝来工业区的一个纺织工厂,大约 400 名印尼工人在警方试图扣留其 16 名涉嫌吸毒的同事后发动暴乱并纵火焚烧建筑物。根据马来西亚劳工权利组织"妇女力量"(Teneganita)的说法,当警方将工人排成一行进行尿检并抽打他们时,暴动爆发了。[1]另一个基地设在马来西亚的人权组织"人民之声"(SUARAM)则批判了打击非法印尼移民的严厉处罚。[2]马哈蒂尔总理通过对这些报道和批评的准确性提出质疑,迅速将它们束之高阁,不再过问。这样一来,马来西亚政府就有效地遏制了关于这一问题的公共讨论。另一个广为人知的暴动发生于三天后的 1 月 20 日,这一事件涉及吉隆坡赛城南部的 70 名印尼劳工和货摊主,进一步加剧了马来西亚人对印尼劳工的谴责。政府和新闻媒体立即就此事件对印尼劳工提出指责并对其发动了尖刻攻击,称他们为闹事者。除了这种犯罪活动外,非法印尼移民还被认为对马来西亚本地人获取工作机会产生威胁。例如,有人指出,雇主往往更喜欢雇佣非法移民(其中大多数为印尼人),因为他们愿意接受较低的工资、很容易被剥削并且不会诉诸法律。[3]此外,由于属于未注册劳工,他们通过这些网络汇款回家以及从马来西亚或往马来西亚走私食品,进一步剥夺了马来西亚政府在汇款税收和进出口关税上的收入。

对该地区恐怖主义的担忧给印尼移民问题增加了一个新的方面。[4]随着印尼人是活动于马来西亚和新加坡的恐怖网络幕后黑手这一消息的披露,人们担心,非法印尼劳工网络可能会为运送伊斯兰好战分子到马来西亚提供另一渠道。这种担心再加上印尼劳工明显的暴力倾向,促使更多声音呼吁将印尼非法劳工置于更严密的监控

---

[1] "A matter of face", *Asia Times*, 7 February 2002.

[2] "Malaysia Has Second Thoughts on Labor Ban", 13 August 2002. Available at < http://www. Laksamana. net >(accessed on 17 March 2003).

[3] Salleh, H. (1987), "Changing Forms of Labour Mobilisation in Malaysian Agriculture", 苏塞克斯大学(University of Sussex)博士学位论文。

[4] "Malaysia to expel illegal immigrants", *BBC News*, 26 January 2002.

之下。

印尼劳工的社会攻击性行为一直都受到政府官员及马来西亚媒体的严厉谴责，他们选择运用"安全"的字眼来定义印尼人非法涌入所引起的问题。例如，印尼移民劝诱当地居民改变宗教信仰的行为，促使一位马来西亚内阁部长将印尼基督教信徒在马来人中传教视为"现在马来西亚国内穆斯林信徒的最大威胁"。[1] 为回应暴乱事实，法律部部长赖斯·亚蒂姆（Rais Yatim）指出：

> 除了藐视权威，他们（印尼劳工）还厚颜无耻地挥舞印度尼西亚国旗。他们不是在雅加达，他们是在马来西亚……这里的印度尼西亚大使不必再说抱歉了。我们将采取严打行动。马来西亚人一般不能容忍那些过于极端并忘恩负义的印尼劳工的暴力行为。[2]

印尼劳工的问题被内政部副部长曹智雄再次用"安全"字眼阐述，他向马来西亚国会指出："虽然局势已经得到控制，但政府应继续非常认真地处理这一问题……如果我们不采取行动，国家安全将有可能受到威胁。"[3]马来西亚其他政府官员同样将非法印尼劳工的"威胁"问题提到马来西亚"国家安全"的高度。[4] 同样的信息也从一些学术著作中传达出来。有学者认为，"马来西亚必须果断采取行动，打击非法印尼移民，因为他们对国家安全构成了威胁"。[5]

---

〔1〕 "Illegals must go", *The Star*, 9 August 1987.

〔2〕 "Sorry is not enough", *Straits Times*, 22 January 2002.

〔3〕 "Chor：Entry of illegal immigrants curbed", 1 April 2003. Available at <http://www. Malaysiakini. com>(accessed on 3 April 2003).

〔4〕 "Foreign minister warns Malaysians not to visit Indonesia amid flap over illegal immigrants", *Associated Press Newswires*, 26 August 2002.

〔5〕 Pieterse C. M. H. (2004), "Malaysia and Illegal Indonesian Immigration", April. Available at <http://www. sais-jhu. edu/bwelsh/IRPPPieterse. pdf>(accessed on 24 May 2004).

　　确实，印尼劳工问题的安全化似乎已在印尼人中引起共鸣。对于经常遇到这些问题的马来西亚国民，他们认为非法印尼劳工已成为一个安全"威胁"的看法是情有可原的。[1] 在关于暴乱的报道铺天盖地的时候，马来西亚平面媒体（在马哈蒂尔行政软独裁统治下为数不多的公众舆论发泄平台）的论坛页面充斥着来自公众的来信，他们抱怨"马来西亚人正生活在对非法移民的恐惧中，尤其是印尼移民，因为他们参与了许多骇人听闻的罪行——强奸、抢劫和谋杀。"[2] 一些人也持有不同的看法，尤其是人权组织，如"妇女力量"以及在野党，如民主行动党，他们试图质疑印尼劳工所受到的不公平和歧视性待遇，但是这种不同的看法已经被政府边缘化，因为政府牢牢控制着公共领域社会政治话语空间的范围。

马来西亚政府的回应

　　2001年底，印尼移民的频繁犯罪导致了政策的剧烈改变，对外籍劳工（大多数是印尼人）进行大规模驱逐，并试图终止印尼人在马来西亚就业。2001年3月，马来西亚内政部提议重审移民法令（1959/63），增加处理马来西亚国内非法印尼劳工的惩罚条款，包括对劳工的笞刑以及对雇主更重的罚款。[3] 2001年10月，马来西亚国会通过了一项立法，将外籍劳工的工作许可证有效期限制为三年，几乎是在一夜之间将许多印尼劳工从"合法"变成"非法"。原因在于这些工人当中许

〔1〕 "Time to stop flood of illegal immigrants", *New Straits Times*, 31 August 2000. 非法印尼移民亦被描述为对"政治稳定"的威胁，参见 Kassim, A., "Profile of Foreign Migrant Workers in Malaysia", 1998, p. 20.
〔2〕 "Crackdown on migrants sparks regional war of words", 4 September 2002. Available at <http://www.malaysiakini.com>(accessed on 2 April 2003). 关于非法印尼移民劳工对马来西亚安全构成威胁的进一步阐述参见"Not in my backyard", *Asiaweek*, 29 June 2001.
〔3〕 "Curb inflow of illegal immigrants", *New Straits Times*, 2 March 2001.

多人所持的工作许可证有效期为六年，但随着这一政策的执行，那些已经工作了三年或三年以上的外籍劳工却立即被视为"非法劳工"，并收到三个月内遣送回国的通知。随后，政府还宣布了每月遣返一万名非法印尼劳工的决定。

作为对地位突然改变的回应，"被重新分类"、关押在阿罗牙也县马街翁武（Machap Umboo）拘留中心的印尼劳工发生暴乱，期间一名马来西亚警察受伤。随后在同年 11 月，2000 名关押在北干那那（Pek-an Nenas）拘留中心的非法劳工也发动暴乱。马来西亚媒体迅速对这两起事件进行了高强度报道，将其描述为印尼劳工暴力行为的典型例子。因此，尽管印尼人对这两起事件的发生表示了歉意，但要求政府采取更严厉的措施打击非法印尼劳工的呼声更高了。[1] 而马来西亚政府的回应则是，对第一次非法移民罪犯实行笞刑，对被拘留的非法移民实行立即遣返。[2] 根据 2002 年移民法令（修订版）中的最新条例，非法劳工可能会被判处强制性刑期长达五年、六次藤条鞭笞并处以多达 10000 零吉的罚款。雇佣非法移民劳工的马来西亚人则可能被判入狱三个月并罚款 5000 零吉。

更令人震惊的则是自 2002 年初以来，由马来西亚政府制定的大规模遣返非法移民劳工的政策。2002 年 1 月 24 日，副总理阿卜杜拉·巴达维（Abdullah Badawi）宣布"暂停"雇佣印尼劳工。在对这一政策进行详细说明时，总理马哈蒂尔指出，是时候将马来西亚国内的印尼劳工"替换为"其他国籍的工人了。马哈蒂尔强调了阿卜杜拉的声明，对印尼劳工关闭国门，并宣布了"最后雇佣印尼劳工"的政策，将印尼劳

〔1〕 "Rusuhan di depot：13 pendatang，polis cedera"，Berita Harian，18 October 2001；"2000 illegals go on riot，torch 4 blocks"，Business Times，4 December 2001.

〔2〕 "Flogging move marks tougher stance on illegals"，South China Morning Post，11 December 2001.

工限制于国内援助和农产业。[1] 在为实行雇佣禁令的决定作辩护，马哈蒂尔提出，"对于他们（印尼劳工）犯下的大量罪行，我们保持沉默。但是当一个群体不断发动暴乱，我们就再也不能保持沉默"。[2] 尽管马来西亚一些部长试图从经济层面阐明需要遣返印尼劳工的理由，认为在亚洲经济危机的情况下，有必要为马来西亚人创造更多的就业机会，并控制马来西亚货币的外流。但是，很显然，政府作出遣返外籍劳工的决定，原因主要在于外籍劳工（尤其是印尼人的后裔）所构成的威胁。[3]

除了制定更严格的法律以惩罚非法移民外，马来西亚政府还加强了边境巡逻，目的在于关闭移民及人口走私所用的非法入境点，如加强繁忙的马六甲海峡的单方巡逻及与印尼的合作巡逻。

反响和矛盾

矛盾的是，马来西亚政府实施"最后雇佣印尼劳工"政策的尝试揭露了印尼劳工对马来西亚经济影响的结构性质，而后者的健康依赖于前者贡献的充分程度。[4] 例如，马来西亚经济研究所（MIER）发现，印尼劳工占了建筑工人的 70%，其中的 80% 为非法劳工。[5] 因此，实

---

〔1〕 "Malaysia said on Tuesday it will whip illegal immigrants and their employers", *Reuters News*, 5 February 2002; "Malaysia shuts the door on Indonesian workers", *Australian Financial Review*, 25 Janunay 2002.

〔2〕 "Malaysian government cracks down on immigrant workers", 4 Feburary 2002. Available at <http://www. wsws. org/articles/2002/feb2002/mal-f04>(accessed on 13 April 2003).

〔3〕 例如，据统计，由外籍劳工造成的马来西亚货币外流每年多达 50 亿。参见马来西亚人事部部长冯镇安(Fong Chan Onn)的评论："Indonesia apologises to Malaysia for problematic immigrants", *Agence France-Presse*, 10 December 2001; "Clock ticking for Malaysia's immigrants", *BBC News*, 20 June 2002.

〔4〕 Jayasankaran, S. (2002), "Wanted: More Workers", *Far Eastern Economic Review*, 2 September.

〔5〕 "Southeast Asia-Malaysia", *Migration News*, 9/10, October 2002, p. 3.

施该政策,一夜之间使建筑工程的完成量减少了 40%。[1] 在其他领域则流传着这样的预测：由于印尼收割工人的"消失",蔬菜价格将上升高达 30 个百分点。[2] 除了建筑业和农业,其他行业特别是清洁和垃圾处理(大多数马来西亚人不愿就职于这些行业)也已经深受影响,制造业也受到对印尼劳工禁令的沉重打击。当时几乎可以预见,马来西亚的企业和商业组织,如马来西亚雇主联合会和马来西亚农业生产者协会,将进行游说呼吁解除禁令。负责评估该政策的马来西亚内阁委员会也意识到该政策不可行,于是他们不得不在两周后仓促取消这一政策。

　　吉隆坡对印尼劳工的政策及待遇作为一项新推出的立法,造成了政治及外交影响。作为对这些政策的回应,劳工活动分子和非政府组织在马来西亚驻雅加达大使馆外抗议,批评马来西亚对印尼劳工的"贬低"和"蔑视"。[3] 有些人进而呼吁马来西亚境内的印尼劳工进行为期三天的大规模罢工以抵抗驱逐计划,而另外一些人则谴责马来西亚对本国国民的人口走私活动视而不见。[4] 福利事业与福利救济组织(Laskar Merah Putih)的成员在马来西亚驻雅加达大使馆外焚烧马来西亚国旗并威胁要拆掉大门。为进一步发泄印尼人的不满情绪,国民议会议长在议会中批评马来西亚当局,并呼吁雅加达当局采取行动打击"小国"。在一篇挂着挑衅标题"不忘抵抗"的文章中,《雅加达邮报》发起了针对马来西亚行动的尖锐攻击,认为新政策过于极端,而且,"不久以前的一段时期中,印尼不会对一个不具威胁性的邻国采取这种交战行为"。[5] 反过来,马来西亚回敬以稳重的外交防守,随后

　　[1]　"Sorry is not enough", *Straits Times*, 22 January 2002.
　　[2]　"Malaysia/Indonesia", *Migration News*, 9/9, September 2002, p. 3.
　　[3]　关于这一点,还应该注意到几个马来西亚劳工与人权组织,如妇女力量组织(Tenaganita)亦针对政府对待非法移民的方式提出抗议。
　　[4]　"Malaysian government cracks down on immigrant workers", 4 February 2002. Available at <http://www.wsws.org/articles/2002/feb2002/mal-f04>(accessed on 13 April 2002).
　　[5]　"Remember '*Konfrontasi*'", *Jakarta Post*, 1 February 2002.

警告其公民避免前往印尼，并要求印尼政府采取行动打击那些以抗议形式危及双边关系的人。[1]

评估安全化理论

马来西亚政府处理非法印尼劳工的方法引起了人们对安全化理论两个主要特征的注意。首先，显而易见的是，根据包括总理在内的政府官员的"言语行为"以及应公众中某些部门的要求，印尼非法移民被描述为对马来西亚人生活方式和社会秩序造成"存在性威胁"的群体。其次，同样明显的是，由于政府已经开始采取"紧急措施"来处理这个问题，资源已很大程度上被调动起来。这些措施体现在推行严厉政策的尝试中，如"最后雇佣印尼劳工"政策，加强边境巡逻，及制定打击非法劳工和煽动非法雇佣者的更严厉的法律。然而，同样重要的是，马来西亚政府将非法印尼劳工问题安全化的做法和成果也把握住了某些与安全化理论有关的理论及经验上的难题。本章将转向对这些差异的研究。

什么安全；谁的安全？

简单地说，涉及非法印尼劳工的安全话语是一种排他性做法；通过身份排斥的做法，并没有给边缘化的印尼劳工留下生存的空间。其在政府的支持者认为，马来西亚的"安全"，是通过非人道监禁、强迫遣返，甚至杀害进入马来西亚寻找就业机会及更好生活的非法印尼移民而得以确保的。

例如，对吉隆坡当局的普遍批评是拘留中心骇人听闻的生活条

---

[1] "Malaysia defends arrest of thousands of illegal immigrants", *Agence France-Presse*, 26 February 2002.

件，其令人震惊的生活条件可能也是多次引起非法印尼移民拘留中心骚乱的原因。从人权角度看，这些因素实际上加重了被拘留的印尼移民的被害情况。[1] 事实上，马来西亚政府早已认识到这个问题。例如，1995 年，位于雪兰莪州加影城附近的士毛月（Semenyih）拘留营内 71 名被拘留者死于营养不良和传染病，马来西亚政府对此表示惊讶和震惊，并随后宣布将着手进行调查。[2] 这些拘留中心的条件——拥挤、环境不卫生及缺乏食物和水——曝光将马来西亚置于尴尬的境地。印尼边境城镇过于拥挤及卫生条件恶劣的环境也夺去了数百名被马来西亚当局强制遣返的非法印尼劳工的性命。[3] 此外，非法印尼劳工在招募过程中往往被利用，继而以非法移民的罪名被逮捕，而人口贩子却因腐败和政治庇护等原因逃脱惩罚。这种状况导致非法印尼移民的持续涌入。事实上，因为马来西亚及印尼招募者希望最大限度保证每一趟旅程的移民数量，许多非法印尼移民甚至在踏上马来西亚国土前就已失去生命，如船只因超载而淹没在马六甲海峡中。[4]

可以肯定的是，马来西亚政府将非法印尼劳工问题安全化所造成的影响，不仅局限于使建筑业摇摇欲坠及使马来西亚的国际声誉受损，还暴露了安全化概念本身的模糊不定。与非法印尼劳工相关的问题既是一种威胁也是安全的指涉对象，这一事实阐明与非传统安全研究相关的难题，却尤其容易被忽略。[5] 除此之外，涉及非法印尼劳工安全的各个方面间存在着潜在的矛盾，例如，非法劳工可能危及马来

---

[1] "Indonesia-Migration in 1998". Available at <http://www. scalabrini. asn. au/atlas/indonesia98. htm>(accessed on 15 April 2003).

[2] "Humanity is what makes Malaysia great", 30 August 2002. Available at <http://www. Malaysiakini. com>(accessed on 17 April 2003).

[3] "More migrant workers die in Indonesian border towns", 2 September 2002. Available at <http://www. malaysiakini, com>(accessed on 15 April 2003).

[4] Jones, S. (1996), "Hope and Tragedy for Migrants in Malaysia", *Asia-Pacific Magazine*, No. 1, April, p. 24.

[5] 例如，《经济学家》中的一篇报道引起大家注意这一事实——马来西亚政府对非法移民的遣返、扣押工作许可证、集体惩罚等处理方式本身就对印尼劳工构成"威胁"。参见 "Threat of the Cane", *The Economist*, August 2002.

西亚的社会安全,但同时亦有利于马来西亚的经济安全。马来西亚政府对社会政治话语空间的控制有效地剥夺了非法印尼劳工的追索权。这一事实其实仅是延续了这个问题,并暴露安全理论在概念上及实际上的模棱两可。如何理解马来西亚境内非法印尼移民事件中的安全概念及确定其"指涉对象"的问题被两种不同情况进一步复杂化? 首先,在某些情况下,公民界限已经变得模糊,如一些非法印尼移民拥有马来西亚出身证明却没有身份证。[1] 其次,非政府人权组织也在努力强调一个事实,即非法印尼移民中的一些人其实是为摆脱迫害从动乱的北苏门答腊省逃出来的亚齐政治难民。毋庸讳言,两种情况都被吉隆坡政府置之不理。

因此,安全远非一个普遍的价值,而是一个复杂的概念,因为其意义善变而且其边界最终由嵌入其含义结构中的权力因素所决定。[2]当言语行为过程中"安全化行为体"与"指涉对象"的界线模糊,或者如琳娜·汉森(Lene Hansen)所说,当"沉默者的安全"无法言说——印尼劳工的不安全感无处表达,安全的复杂性尤为明显。[3]

区分或桥接,安全化和政治化?

安全化理论的支持者认为,第二个问题涉及将政治化与安全化进行区分是否恰当。

根据哥本哈根学派的观点,安全化的过程需要被维夫称为"言语行为"的因素。"言语行为"强调使用安全这一词,强调激活政策以处理安全问题,同时强调具体问题的非政治化(虽然维夫选择称其为"极

[1] "Southeast Asia", *Migration News*, 9/5, May 2002.
[2] Burke, A. (2002), *In Fear of Security: Australia's Invasion Anxiety*. Pluto, Sydney.
[3] Hansen, L. (2002), "The Little Mermaid's Silent Security Dilemma and the Absence of Gender in the Copenhagen School", *Millennium*, 29/2: 285-306.

端政治化"）。当"观众接受其本身"时，这一"安全化行为"就完成
了。[1] 有人认为，从本质上来说，通过使用"安全"一词，国家将该问
题带出政治领域，反过来，这种行为消除了公众对关于已确认安全问
题的讨论（该安全问题也许发生在政治领域），因为它被提升到超越
"游戏中的正常政治规则"的位置。[2] 事实上，这一思路引发了这样
一种假设，即政治化与安全化间的差异预先假定了公共话语空间的存
在。然而，在非法印尼移民对马来西亚造成安全挑战的背景下，对话
语空间及"相关观众"的这种假设产生了一系列问题。这一系列问题
的中心是安全化过程是否通过协商及产生广泛连贯性、被"观众"接受
的公开辩论所确定，或者行为主体是否能够实际上铲平其通过整个安
全化过程的道路。

　　虽然在欧洲社会政治背景下，衍生于其中的安全化理论能将政治
领域与安全领域相对清晰地加以区分，但运用于由强大国家设置政治
与安全话语参数的政治版图时，安全化理论将获得相对较少的共鸣。
在这些政治版图内，决定政治与安全话语参数范围的是国家，而不是
公众舆论的"相关观众"。政治与安全区分不明确的马来西亚就是一
个适当的例子。在这个例子中，虽然必要的安全化可能会包括在安全
化过程中政治群体里的国家和公众舆论的部分（这大概是向国家提出
抗议），鉴于国家能为安全化过程带来的资源，国家承担的仍然是安全
化的主要责任，公众舆论往往扮演的只是无助观众的角色。因而，由
马来西亚政府启动、定义并结束某一个问题（此例中为非法印尼移民
问题）退出政治领域而进入安全领域的活动，因为它既充当了"行为主
体"的角色，又控制了"相关观众"的反应。同样，一个问题成为安全问
题的原因仅仅在于社会舆论一致如此认为，而舆论的范围是模糊的。
将非法印尼移民劳工问题"安全化"是否被相关受众接受？接受程度

〔1〕 Buzan,B.,Wæver,O. and de Wilde,J.,*Security：A New Framework for Analysis*,1998,p.25.
　　〔2〕 *Ibid.*,p.24.

如何？这些因素显然会影响我们对这一问题的理解，因为政治领域话语起初并不允许公开争论。哥本哈根学派的理论家们也许会认为，在任何情况下，安全所附有的意义来自于并决定于再现性行为（即安全"言论"），然而不相符的情况依然存在，例如本文所探讨的情况，其中话语权及制定"游戏规则"的权力都是属于国家的特权。换言之，不存在可以从中衍生出一个安全问题的单独的"政治"话语领域。因而，在关于非法印尼劳工问题的讨论中，非政府组织和人权组织对马来西亚政府处理这一问题方式的批评不在政府设置的参数范围内，也没有出现在国家控制的媒体中，这一点并不奇怪。[1]

安全化，还是符号行动的政治化？

安全化理论的另一个关键组成部分围绕着国家对某一"安全化"议题的反应。如上文所述，安全化理论曾被描述为"极端政治化"，它提出通过一个话语过程可将一个问题转化为存在性的威胁。将一个问题安全化的过程需要采取紧急措施及运用特殊手段。[2] 与此类似，去安全化是指"将问题从威胁防御话语中移出而纳入普通公共领域"。[3] 同时，正是政治与安全的密切关系要求对政策的制定和执行进行区分。

一般认为，调动"紧急措施"最明确的指标为军队。[4] 在本章调查研究的这个案例中，许多用以处理非法印尼移民涌入问题的政策被制定，其中值得注意的是，海岸警卫巡逻已得到加强，用以保障沿海安全。[5] 警方亦已屡次开始代号为"清洗"（Ops Nyah）的行动以扫荡大

---

〔1〕　关注外籍劳工福利的马来西亚非政府组织妇女力量组织，其主任 Irene Fernandez 曾多次被指控在其关于马来西亚非法劳工拘留中心非人道环境的报道中，"恶意发布虚假消息"。

〔2〕　Buzan, B., Wæver, O. and de Wilde, J., *Security: A New Framework for Analysis*, 1998, p. 23.

〔3〕　*Ibid.*, p. 26.

〔4〕　请注意，安全化理论的学者们并没有明确地定义"紧急措施"。

〔5〕　"South Asia", *Migration News*, 9/2, February 2002, p. 3.

部分从印尼涌入马来西亚的非法移民。[1] 除此之外，马来西亚政府还采取了其他十分明显的严厉措施，如制定极端的政策使对非法印尼移民的监禁和鞭笞合法化，以及最后他们被迫取消的具有争议性的"最后雇佣印尼劳工"政策。

除了这些措施之外，还有一系列马来西亚与印度尼西亚签订的双边协议。例如，双方于1984年在苏门答腊岛的棉兰市签订了一项协议，规定在为期两年的合同期中，印尼需随时应马来西亚要求提供六个特定类别的劳工。[2] 1988年，雅加达当局宣布，将向非法在马来西亚境内工作的印尼劳工印发护照，以向他们提供保护，并帮助他们获得更高的薪酬。[3] 相应地，马来西亚政府于1991年颁布了新的法律，规定对非法劳工的雇主进行更严厉的惩罚，并规定最低工资标准和其他用以改善工作条件的条款。根据这些法律规定，被发现的非法印尼移民如已在马来西亚移民局登记并从印尼大使馆处获得有效旅行证件，仍将得到继续工作的许可。随后，两国分别于1996年和1998年签署了谅解备忘录和外交换文，试图更明确地规定印尼劳工在印尼的就业条款和程序。受最近的危机余波的影响，两国政府一致同意对这些协议进行审查，并在审查过程中拟定新的协议草案。[4] 除了立法，政府还设立了一些专门处理非法劳工问题的机构和组织，如成立于1991年的内阁外籍劳工委员会以及成立于1994年的外籍劳工特别工作队。2000年3月，马来西亚与印尼间的联合咨询理事会成立，主要是监督印尼劳工的雇佣情况。

然而，经过更仔细的审查发现，大多数已经开始实施的双边管制

　　〔1〕　第一次清洗运动（*Ops Nyah* Ⅰ）进行于1991年12月；第二次清洗运动（*Ops Nyah* Ⅱ）进行于1992年7月。
　　〔2〕　"KL-Jakarta Labor Pact", *Straits Times*, 6 June 1984.
　　〔3〕　"Passports for illegal Indonesians in Malaysia", *Straits Times*, 6 July 1988.
　　〔4〕　"Malaysia, Indonesia agree to amicably resolve labour row", Ministry of Manpower and Transmigration, Republic of Indonesia, 20 February 2002. Avaiable at ＜http://www.nabertrans.go.id＞(accessed on 10 April 2003).

措施实质上只是临时的。除了这一事实外，人们还发现非法劳工的问题并非源于缺乏打击非法劳工的"紧急措施"，而是源于"紧急措施"的低效执行。马来西亚内处理非法移民的相关法律实际上已经存在很长一段时间，但是，正如马来西亚政府所承认，非法移民的问题依然顽强存在，这是因为法律没有得到有效执行。这个问题的核心在于双重标准的存在，即非法移民受到惩罚，而其教唆者却逍遥法外。[1] 许多马来西亚国内的部门，包括政府官员在内，一直犯有协助将非法印尼劳工运抵马来西亚的同谋罪。[2] 正如当地一家报纸推测，打击非法移民措施的增多只会为从事制造和销售假证件——如护照、身份证和工作许可证——的集团创造更多的机会。[3] 上述报告还声称，这些集团的猖獗得益于政府官员腐败，地方当局很少甚至从未调查非法印尼移民持续涌入背后的腐败问题。[4] 腐败方面的例子涵盖范围广泛，如被抓获的非法移民贿赂警察或执法人员将其释放，拘留营以500~2000零吉的价格将被拘留移民卖给种植业主及家禽养殖场经营者，以为拘留营管理者节省住房及食品成本并为雇主省去工作许可证和其他文件所需费用。[5] 简言之，在马来西亚（和印尼）涉及非法贩运移民劳动力的利益范围内，雇佣非法印尼劳工的财政利益仍远远超过现有处罚造成的成本。[6] 非法印尼劳工的问题也已造成政府各部门间陷入紧张的政治关系。例如，法律部部长赖斯·亚蒂姆认为，雪

---

　　〔1〕 "Getting to the root of the problem", *Business Times*, 6 February 2002.

　　〔2〕 虽然给这些普遍持有的怀疑提供证据显然很困难，但仍存在来自多方渠道的轶事证据，尽管必须承认这些证据难以得到证实。参见 Pillai, M. G. G. (2001), "The rise and rise of the Indonesian illegal worker", Forum K2, 16 November. Available at ＜http://la-mankm2c. tripod. com/cgi-bin/m/KM2A1/16373. html＞(accessed on 16 April 2003).

　　〔3〕 "*Serah senarai penjaja jual lessen*", *Mingguan Malaysia*, 4 May 1998.

　　〔4〕 "Immigration officer and 'middleman' assisting ACA", *New Straits Times*, 1 September 2000.

　　〔5〕 "Migrant workers: rage against corruption and injustice", 25 January 2002. Available at ＜http://www. Malaysiakini. com＞(accessed on 11 April 2003); "Southeast Asia", *Migration News*, 9/3, March 2002.

　　〔6〕 "Malaysia, RI profit from Indonesian illegal workers", 14 February 2002. Available at ＜http://www. december18. net＞(accessed on 17 April 2003).

兰莪州政府故意忽略其州内非法居住人数激增的问题,而雪兰莪州州务大臣则断然否认这项指责。[1] 此外,房屋及地方政府部副部长卡维斯(Kayveas)指责一些州议会代表允许非法移民居住于所有权属于政府的土地上。[2] 官僚政治对措施实施的控制造成了进一步的障碍。马来西亚政府的人力资源部一直对雇主的请求非常敏感,允许但不鼓励印尼劳工入境,而内政部则在态度上和言辞上都强烈反对,认为印尼移民尤其是无证印尼移民会对马来西亚法律与秩序构成威胁。[3]

换言之,安全的话语表达固然重要,但安全化理论对“言语行为”认识论的依赖只有当它与行动能力相结合时才具有具体的现实意义。

结　语

本章试图通过安全化理论的视角了解解决马来西亚非法印尼劳工问题的方法与前景。虽然这一问题的严重性无疑意味着它已成为吉隆坡当局决策层中的安全问题,但本章中安全化理论关于马来西亚政府如何处理非法印尼移民劳工问题的考查仍发现了其逻辑中的几个缺点。

从理论上说,移民何以对一个社会的安全构成威胁,当边界被看做是国家主权的强大象征性因素时,这一问题就显得相对清晰。然而,移民成为安全问题的情况更为复杂。正如这一研究表明,尽管非法印尼劳工对马来西亚社会安全构成威胁,但其缺失也会对马来西亚经济产生消极影响。非安全性问题是不客观的,并非具有本体论的实

　　[1] “Rais gives details of illegals whereabout”,6 February 2002. Available at <http://www. Malaysiakini. com>(accessed on 11 April 2003).
　　[2] *Ibid.*
　　[3] Jones,S.,“Hope and Tragedy for Migrants in Malaysia”,1996, p. 27.

在性,它们是具有争议性的,并且由政治和社会力量创造和再创造,这一点也是不容置疑的。

政治领域与安全领域间的差异,作为安全化理论和政策中持有的观点之一,具有很大的问题。这一事实突出了非法印尼劳工构成的安全威胁的含糊不清。这项研究表明,很难将政治领域和安全领域归为无懈可击的类型。[1] 马来西亚政府无法控制非法印尼移民劳工问题背后的关键因素,在于政策的执行而非制定,政策的制定其实在本质上只是一种政治功能。这一事实只能说明这种差异的脆弱性,尽管相关政策和立法或是安全化理论词汇中的"紧急措施"无疑是存在的,但仍明显地得不到有效执行,本研究表明这种现象植根于政治中。于是,非常讽刺的是,印尼劳工问题的安全化在马来西亚仍顽固地被置于正常(与"非常"相反)的政治范围内,而不是被排除在政治程序之外。

尽管试图利用安全话语来处理非法印尼劳工问题,这一问题仍牢牢植根于政治领域。之所以如此,是因为当考虑诸如安全化的动机及其既得利益等问题时,将会意识到安全化行为本身是一个高度政治化的过程,由包括谁将问题安全化、为什么要将问题安全化在内的其他许多因素所决定。因此,话语不能脱离环境背景或建构于界定其行为主体与范围的政治领域之外,除非是有意忽视隐藏其后的人的因素和强调政治考量的任务。然而,目前对马来西亚而言,印尼劳工(非法或合法)仍然是国家经济不可或缺的因素。现在,非法移民持续涌入,涉及伪造证件的交易增加,在保持如此"正常"形势的情况下,最近的骚乱及随后的安全论述似乎都只不过是宣泄而已,而政治和政治现实仍继续构建(或阻碍)马来西亚处理其长期存在的非法印尼移民劳工问题的方法。

---

〔1〕 某种程度上,这同样让步于哥本哈根学派。哥本哈根学派将安全化视为极端政治化,但却没有尝试界定两者的范围。

参考文献

"2000 illegals go on riot,torch 4 blocks",*Business Times*,4 December 2001.

"A matter of face",*Asia Times*,7 February 2002.

Abdullah,F. (1992), "Issues in Malaysia-Indonesia Relations", paper presented at the ASEAN Fellowship Seminar,Tokyo,Japan,20 August.

Abdullah,F. (1993),"The Phenomenon of Illegal Immigrants", *The Indonesian Quarterly*,XXI/2,Second Quarter, pp. 171-186.

Baldwin, D. (1997), " The Concept of Security ", *Review of International Studies*,23/1：5-26.

Bigo,D. (2000),"When Two Become One：Internal and external securitizations in Europe",in M. Kelstrup and M. C. Williams(eds.), *International Relations Theory and the Politics of European Integration：Power,Security and Community,Routledge.* London, pp. 171-205.

Burke,A. (2002), *In Fear of Security：Australia's Invasion Anxiety.* Pluto,Sydney.

Buzan,B. (1983), *People,States and Fear.* Harvester Wheatsheaf,Brighton.

Buzan,B. ,Wæver,O. and de Wilde,J. (1998), *Security：A New Framework For Analysis.* Lynne Rienner Publishers,Boulder,C. O.

Cable No. 2493,Austrialia High Commission,Kuala Lumpur,26 July 1969,A1838 3006/4/9 Part 39,NAA.

"Chor：Entry of illegal immigrants curbed",1 April 2003. Available at ＜http：//www. Malaysiakini. com＞(accessed on 3 April 2003).

"Clock ticking for Malaysia's immigrants",*BBC News*,20 June 2002.

Collinson,S. (1993), *Europe and International Migration* ,Pinter Publishers,London.

Cowans,C. D. (1961), *Nineteenth Century Malaya：The Origins of British Political Control.* London：Oxford University Press.

"Crackdown on migrants sparks regional war of words",4 Septermber 2002. Available at ＜http：//www. malaysiakini. com＞(accessed on 2 April 2003).

"Curb inflow of illegal immigrants", *New Straits Times* ,2 March 2001.

DeVoretz,D. J. (1999),*Malaysian Immigration Issues：*An Economic Perspective,Vancouver Centre for Excellence,Research on Immigration and Intergration into the Metropolis, Working Paper Series,Vancouver.

Dillon, M. (1995), "Security, Philosophy, and Politics", in M. Featherstone, S. Lash, and R. Robertson(eds.), *Global Modernities*. London: Sage Publications, pp. 155-177.

"Extract from KL's 1967/8 Annual Roport", A1838 3006/4/9 Part 38, NAA, National Archives of Australia.

"Flogging move marks tougher stance on illegals", *South China Morning Post*, 11 December 2001.

"Foreign minister warns Malaysians not to visit Indonesia amid flap over illegal immigrants", *Associated Press Newswires*, 26 August 2002.

"Getting to the root of the problem", *Business Times*, 6 February 2002.

Hansen, L. (2000), "The Little Mermaid's Silent Security Dilamma and the Absence of Gender in the Copenhagen School", *Millennium*, 29/2 : 285-306.

"Humanity is what makes Malaysia great", 30 August 2002. Available at ＜http://www. Malaysiakini. com＞(accessed on 17 April 2003).

Huysman, J. (1998), "Revisiting Copenhagen: Or, On the Creative Development of a Security Studies Agenda in Europe", *European Journal of International Relations*, 4/4 : 479-505.

"Illegal migrant report for Jakarta", *Strairs Times*, 15 February 1981.

"Illegal must go", *The Star*, 9 August 1987.

Immigration Department, Malaysia(1996), *Information on Foreign Workers in Malaysia*. Immigration Department, Kuala Lumpur.

"Immigration officer and 'middleman' assisting ACA", *New Straits Times*, 1 September 2000.

"Indon bersuami dua", *Metro*, 17 December 1995.

"Indonesia apologises to Malaysia for problematic immigrants", *Agence France-Press*, 10 December 2001.

"Indonesia-Migration in 1998". Available at ＜http://www. scalabrini. asn. au / atlas/indonsia98. htm＞(accessed on 15 April 2003).

"Indonsia's Labor Looks Abroad", *Migration Information Source*, September 2002.

International Organization for Migration(2003), *World Migration Report 2003: Managing Migration-Challenges and Responses for People on the Move*. United Nations, International Organization for Migration, New York.

Jayasankaran, S. (2002), "Wanted: More Workers", *Far Eastern Economic Review*, 2

September.

Jockel to Hasluck, 12 May 1966, A 1838, 3006/4/7 Part39, NAA.

Jones, R. W. (1996), "'Travel Without Maps': Thinking about security after the Cold War", in M. J. Davids(ed.), *Security Issues in the Post-Cold War World*. Edward Elgar, Cheltenham, pp. 196-218.

Jones, S. (1996), "Hope and Tragedy for Migrants in Malaysia", *Asia-Pacific Magazine*, No. 1, April, p. 24.

Kassim, A. (1998), "Profile of Foreign Migrant Workers in Malaysia: Towards Compiling Reliable Statistics", paper presented at "Coference on Migrant Workers and the Malaysian Economy", Kuala Lumpur, 19-20 May.

"KL-Jakarta Labor Pact", *Straits Times*, 20 June 1984.

Lohrmann, R. (2000), "Migrants, Refugees and Insecurity: *Current Threats to Peace?*", *International Migration*, 38/4: 3-22.

"Malyasia acts to stem tide of illegal immigrants", *Straits Times*, 29 January 1987.

"Malyasia defends arrest of thousands of illegal immigrants", *Agence France-Presse*, 26 February 2002.

"Malyasia government cracks down on immigrant workers", 4 February 2002. Available at < http://www. wsws. org/articles/2002/feb2002/mal-f04 > (accessed on 13 March 2003).

"Malaysia has second thoughts on labor ban", 13 August 2002. Available at< http://www. Laksamana. net>(accessed on 17 March 2003).

"Malaysia/Indonesia", *Migration News*, 9/9, September 2002.

"Malaysia, Indonesia agree to amicably resovle labor row", Ministry of Manpower and Transmigration, Republic of Indonesia, 20 February 2002. Available at <http://www. nakertrans. go. id>(accessed on 10 April 2003).

"Malaysia, RI profit from Indonesian illegal workers", 14 February 2002. Available at < http://www. december18. net>(accessed on 17 April 2003).

"Malaysia said on Tuesday it will whip illegal immigrants and their employers", *Reuters News*, 5 February 2002.

"Malaysia shuts the door on Indonesian workers", *Australian Financial Review*, 25 January 2002.

"Malaysia to expel illegal immigrants", *BBC News*, 26 January 2002.

Mcsweeney,B. (1996),"Identity and Security: Buzan and the Copenhagen School",*Review of International Studies*,22/1 : 81-93.

Mcsweeney,B. (1999),*Security, Identity,and Interests*: A Sociology of International *Relations*. Cambridge:Cambridge University Press.

"Migrant workers: rage against corruption and injustice",25 January 2002. Available at <http://www. Malaysiakini. com>(accessed on 11 April 2003).

"Migrant workers spark resentment in Malaysia",*Far Eastern Economic Review*,11 January 1990.

Miles,R. and Tranhardt,D. (eds.)(1995),*Migration and European Integration*: The *Dynamics of Inclusion and Exclusion*. Pinter,London.

"More migrant workers die in Indonesian border towns",2 September 2002. Available at <http://www. malaysiakini. com>(accessed on 15 April 2003).

"Not in my backyard",*Asiaweek*,29 June 2001.

"Passports for illegal Indonesians in Malyasia",*Straits Times*,6 July 1988.

Pieterse,C. M. H. (2004),"Malyasia and Illegal Indonsian Immigration",April. Available at <http://www. sais-jhu. edu/bwelsh/IRPPPieterse. pdf>(accessed on 24 May 2004).

Pillai,M. G. G. (2001),"The rise and rise of Indonesian illegalworker",Forum K2,16 Novermber. Available at <http://lamankm2c. tripod. com/cgi-bin/m/KM2A1/16373. html> (accessed on 16 April 2003).

Poku,N. and Graham, D. T. (eds.)(1998),*Redefining Security*: Population Movements and National Security. Praeger,London.

"Police detain 16 Indonesians for 'deviationist' teachings",7 March 2002. Available at <http://www. Malaysiakini. com>(accessed on 17 March 2003).

"Quadripartite Talks: Agenda Item(B)",Department of External Affairs,Canberra,22 June,1966,A 1838 3006/4/9 Part 35,NAA.

"Rais gives details of illegals whereabouts",6 February 2002. Available at <http:// www. Malaysiakini. com>(accessed on 11 April 2003).

"Remember 'Konfrontasi'",*Jakarta Post*,1 February 2002.

"Rusuhan di depot :13 pendatang,polis cedera",Berita Harian, 18 October 2001.

Salleh,H. (1987),"Changing Forms of Labour Mobolisation in Malaysian Agriculture", Ph. D dissertation submitted to University of Sussex.

"Serah senarai penjaja jual lessen", *Mingguan Malaysia*,4 May 1998.

"Sorry is not enough", *Straits Times*, 22 January 2002.

"Southeast Asia", *Migration News*, 9/3, March 2002.

"Southeast Asia-Malaysia", *Migration News*, 9/10, October 2002.

"Threat of the Cane", *The Economist*, August 2002.

"Time to stop flood of illegal immigrants", *New Straits Times*, 31 August 2000.

Vertovec, S. (ed.)(1999), *Migration and Social Cohesion*, Edward Elgar, Cheltenham.

Wæver, O., Buzan, B., Kelstrup, M. and Lemaitre, P. (1993), *Indentity, Migration and the New Security Agenda in Europe*. London: Pinter Publishers Ltd.

Wæver, O. (1995), "Securitization and Desecuritization", in R. Lipschutz(ed.), *On Security*. New York: Columbia University Press, pp. 46-86.

Weiner, M. (ed.)(1993), *International Migration and Security*. Westview Press, Boulder, C. O.

Weiner, M. and Russell S. S. (eds.) (2001), *Demography and National Security*. Berghahn Books, New York.

"World Migration Tops 120 Million, says ILO report", *Jakarta Post*, 3 March 2000.

条目(中英文对照)

人名（中英文对照）

Amartya Sen,阿玛蒂亚·森

Amitav Acharya,阿米塔夫·阿查亚

Andreas Subiyono,安德烈·苏比友诺

Andrew Storey,安德鲁·斯多瑞

Benjamin Miller,本杰明·米勒

Barry Buzan,巴里·布赞

Bob Hadiwinata,鲍勃·哈迪威纳达

Claudia Aradau,克劳迪娅·阿拉多

David Lehmann,大卫·莱曼

Deepa Narayan,迪帕·那拉扬

Fue Te Keyman,福阿特·柯伊曼

Ibrahim El Badawi,易卜拉欣·巴达威

Ilavenil Ramiah,伊拉维尼尔·拉米亚

Jaap De Wilde,杰普·德·王尔德

Joseph Chinyong Liow,约瑟夫·庆永·廖

Kanti Bajpai,甘地·巴伯

Khm Nyunt,科门·奈特

Kwik Kian Gie,郭建义

Laurie Garrett,劳里·加勒特

Lene Hansen,琳娜·汉森

Manuel Chiriboga,曼努埃尔·西奇里沃加

Max Lane,马克斯·莱恩

Mely Callabero—Anthony,
    梅利·卡拉贝若—安东尼

Michael Camdessus,迈克尔·康德绪

Ole Wæver,奥利·维夫

Paulo Freire,保罗·弗莱雷

Peter Chalk,彼得·乔克

Peter Katzenstein,彼特·卡赞斯坦

Priyankar Upadhyaya,
    普利扬卡·乌帕德亚雅

Ralf Emmers,拉尔夫·埃莫斯

Ranabir Samadder,拉那比尔·萨马达

Richard Ullman,理查德·厄尔曼

Robert Chambers,罗伯特·钱伯斯

Sadako Ogata,绪芳·贞子

Sankaran Krishna,桑卡兰·克里希那

Sarah Michael,莎拉·迈克尔

Surin Pitsuan,苏林·比素万

Tadjoeddin,泰久定

William Easterly,威廉·伊斯特利

译 后 记

　　《安全化困境：亚洲的视角》一书针对的是亚洲各国在现阶段面临的正在日益兴起的非传统安全挑战。"非传统安全"一词的含义可以表述为"由非政治和非军事因素所引发、直接影响甚至威胁本国和别国乃至地区与全球发展、稳定和安全的跨国性问题以及与此相应地一种新安全观和新的安全研究领域"。[1] 本书中，作者所引用的案例均涉及非传统安全实例。例如以印度和孟加拉国为例的南亚次大陆移民问题，该案例涉及的是印加两国边界处，由于孟加拉向印度移民数量的增加所导致的印度国内宗教冲突、人口与资源失衡、政治局势动荡和两国边界冲突的问题。与此例类似，由于马来西亚境内印尼非法劳工数量的增加，马来西亚社会治安状况下降，本国居民就业受到冲击，从而引发了马来西亚政府和民众与印尼劳工之间的矛盾和冲突。除移民引发的非传统安全威胁之外，本书还涉及了另外一个重要的非传统安全问题——疾病的跨国界传播。案例涉及疾病对亚太地区复杂的安全化进程的影响，以及艾滋病传播威胁亚太地区各国的实例。尤其在艾滋病一例中，作者指出艾滋病的蔓延以及传播态势的加剧不但影响了一国经济的发展，而且也导致了贫困人口数目的增加。此外，由于在一国的军队、警察和维和部队中艾滋病的感染率也特别高，从而严重影响到该国贯彻执行法律法规的能力以及国际组织所发挥

---

　　〔1〕　陆忠伟主编：《非传统安全论》，时事出版社 2003 年版，第 20 页。

的稳定地区局势的作用。除移民、疾病之外,本书还涉及了另外一个重要的非传统安全问题——贫困问题。在印度尼西亚不断恶化的贫困状况和非政府组织维护人权方面的重要作用一例中,作者深入阐析了印尼国内由于贫困人口数量的不断增加而引发的赤贫蔓延、种族冲突、疾病传播、经济崩溃以及民族分裂活动。纵观上述五例,不难看出,本书所涉及的亚洲问题均属传统军事安全威胁之外的非传统安全威胁,这些典型的非传统安全威胁由于全球化进程的不断推进而日益突出,并在一定程度上可以引发传统安全威胁的爆发,如分裂运动和军事冲突。本书关注的正是非传统安全所带来的威胁和影响。

与此同时,本书的另一个鲜明特点是,案例全部取自亚洲,且主要论述的是亚洲各国所面临的非传统安全挑战及应对途径。随着自身经济实力和政治地位的不断提高,之前在国际政治领域处于非主流地位的亚洲、非洲等国家和地区也渐渐被政治学者们给予了更多的关注,而非之前美国、欧洲等强势国家和地区"一统天下"的局面。本书将研究对象锁定亚洲这一日益引人关注的地区,正如美国政治学家布热津斯基(Zbigniew Brzenzinski)所言,亚洲"既是一个经济上正在崛起的地区,又是一座社会火山,还是一个政治危险源"。[1] 本书正是对亚洲各国在安全化进程中的困境做出了详细探讨,案例既涉及微观层面上具体的亚洲国家,如马来西亚、印尼等,也涉及亚洲地区这一宏观整体。

针对亚洲非传统安全问题的研究,必然会涉及对"安全"这一概念的重新审视。作为国际关系领域的核心价值目标,随着冷战格局的结束和全球化进程的不断推进,"安全"的概念也发生了深刻的变化,这种变化主要是指该概念在内涵上的扩展,具体体现在安全的指涉对

---

〔1〕 转引自余潇枫、潘一禾、王江丽:《非传统安全概论》,浙江人民出版社 2006 年版,第 334 页。

象、核心价值以及威胁种类三个方面。[1] 作为首位对"安全"概念扩展做出定义的学者,理查德·厄尔曼提出:"这样一种扩展应当广泛包含了从自然灾害、人身疾病到环境恶化这一系列相关的因素。"[2]冷战时期大国军事对峙局面的终结,伴随着二战后成立的国际组织对各国冲突的调解与对冲突双方的牵制作用逐渐加强并完善,国家间发生军事冲突的因素不断得到弱化,而对人类生存产生威胁的其他因素则不断增加,也就是说,"安全"的概念可以被划分为传统安全和非传统安全,而后者关注的则正是本书中所涉及的疾病、贫困、非法移民等问题。更进一步地讲,非传统安全研究的兴起反映了"人的安全"愈发受到了关注。

正如著名国际关系学者秦亚青所言:"'人的安全'越来越受到重视,'人是目的'的精神被更多地引入到国际关系的研究之中,主流国际关系学者在坚持科学实在论和科学研究方法的同时,开始更多地关注和研究'人'的问题,人文意识也越来越与科学精神融合在一起。"[3]1994 年,联合国开发计划署发布了《人类发展报告》。该报告指出:"人的安全应当包括两个方面。首先,它意味着人免受如饥饿、疾病和镇压一类长期威胁而享有的安全。其次,它意味着人得到保护,从而免受日常生活中突然的、伤害性质的侵犯,不论是在家庭、工作还是所在社区之中。"[4]这一关于人的安全概念的提出,反映了"人的安全的问题迅速在外交政策中占据了中心的位置"。[5] 本书涉及印巴移民问题、印尼和马来西亚之间的劳工问题、疾病与亚洲安全化

---

[1]　Bob Hadiwinata,"Poverty and the Role of NGOs in Protecting Human Security in Indonesia", in Mely Caballero-Anthony *et al.*(eds.)(2006),*Non-Traditional Security in Asia: Dilemmas in Securitization.* Hampshire: Ashgate Publishing Limited, p. 198.

[2]　*Ibid.*

[3]　秦亚青:《权利·制度·文化:国际关系理论与方法研究文集》,北京大学出版社 2005 年版,第 12 页。

[4]　UNDP(United Nations Development Programme)(1994),*Human Development Report*,Chapter Ⅱ. Oxford: Oxford University Press.

[5]　余潇枫、潘一禾、王江丽:《非传统安全概论》,浙江人民出版社 2006 年版,第 65 页。

进程态势、艾滋病在亚洲蔓延问题和印尼的贫困问题,其中均体现出非传统安全关乎的无不是与人的生存和发展密切相关的安全问题。从这个层面上讲,"人的安全"成为本书将扩展后的安全概念作为贯穿主线的具体体现。

除了其研究问题、研究地域和核心概念的新颖性以外,本书所涉内容不但列举了亚洲目前所面临的非传统安全问题及其特征,并探讨了这些问题在亚洲各国及该区域内的安全化或去安全化状况,而且在具体阐述所述的亚洲各国所面临的安全态势以及应对途径时,采用了哥本哈根学派[1]提出的"安全化"的理论,作为分析论述各个安全问题的主要理论框架。所谓安全化,是指"公共问题从非政治化到政治化,再从政治化到超政治化的过程"。[2] 换言之,当一种状况的确威胁到了指涉对象并且这种威胁被行为人以一种特定的言辞所表达,在社会范围内获得了认同,那么这种威胁即已被安全化。[3] 从概念角度来讲,安全化可以被视为对理解安全这一定义时采用的非传统框架的分类和共识,而这种定义正是超越了国家和军事威胁的范畴。[4]

由此我们可以看出,非传统安全问题的解决,除依靠一国政府的常规政治手段之外,超越国境线和传统主权观的国际政府间合作以及非政府行为体的动员参与,对于面临严重安全威胁挑战的亚洲各国而言,有着举足轻重的作用和意义。下表以艾滋病的安全化过程为例,展示安全化进程中可能涉及的各社会行为体。

---

　　〔1〕 哥本哈根学派对于安全问题的研究起始于国际关系学家巴里·布赞所著的 *People,States and Fear: The National Security Problem in International Relations* 一书,该书出版于 1983 年。该学派的许多学者都在 Copenhagen Peace Research Institute 进行研究工作。
　　〔2〕 余潇枫、潘一禾、王江丽:《非传统安全概论》,浙江人民出版社 2006 年版,第 11 页。
　　〔3〕 Bob Hadiwinata,"Poverty and the Role of NGOs in Protecting Human Security in Indonesia", in Mely Caballero-Anthony, *et al.* (eds.)(2006), *Non-Traditional Security in Asia: Dilemmas in Securitization.* Hampshire: Ashgate Publishing Limited,pp. 199-200.
　　〔4〕 *Ibid.*

艾滋病安全化进程中的行为体[1]

启动行为体	催化行为体	实施行为体
中央政府	国际机构 其他中央政府	地方政府 非政府/政府组织 宗教组织 媒体 私人企业 工会

　　在问题的解决途径方面,针对以印度和孟加拉国为例的南亚次大陆移民问题一例,作者将印巴两国进行地区级别的双边对话以解决非法移民问题作为解决方案;与此相对的是,在马来西亚境内印尼非法劳工数量增加一例的结尾,作者分析了马来西亚政府在印尼劳工问题安全化进程中的逻辑纰漏,指出对于外来劳工局势控制失误的原因在于政策的实施而非制定。在应对传染病所带来威胁的两个案例(艾滋病传播威胁亚太地区各国和疾病对亚太地区安全化进程的影响)中,两位作者分别指出问题的解决途径应在于促进各种社会行为体,包括政府和非政府行为体之间的相互合作以及正视威胁现状,调整本国应对政策,突破传统思维,加强国际合作。对于非政府组织参与到应对非传统安全威胁中所起的作用,印尼贫困问题案例的作者提供了透彻的展示——"在国家面临严重经济、社会、政治危机的时候,非政府组织有能力提供解决办法"。[2] 约翰·洛克在论述到政府的目的时说道:"人们之所以联合成为国家并服从政府强大的统治,最重大、最主要的目的就是保护他们的财产。"[3] 因此,当国家和政府深陷于自身

---

〔1〕　Ilavenil Ramiah,"Securitizing the AIDS Issue in Asia",*Non-Traditional Security in Asia: Dilemmas in Securitization*, *in* Mely Callabero-Anthony *et al.*（eds.）（2006）, Hampshire: Ashgate Publishing Limited, p. 154.

〔2〕　Bob Hadiwinata,"Poverty and the Role of NGOs in Protecting Human Security in Indonesia", in Mely Caballero-Anthony, *et al.*（eds.）（2006）, *Non-Traditional Security in Asia: Dilemmas in Securitization*. Hampshire: Ashgate Publishing Limited, p. 221.

〔3〕　[英]约翰·洛克:《政府论》,杨思派译,九州出版社 2006 年版,第 461 页。

的腐败和政策失误甚至对人民的疾苦不管不顾的时候,其也就丧失了存在的合法性,而非政府组织恰恰提供了国家政府层面之外的解决方法。

中国目前正处于发展的重要战略时期,与其他亚洲乃至世界上的国家一样,同样面临着如经济安全、能源安全、文化安全、食品安全、信息安全、生态安全等非传统安全问题带来的影响甚至是威胁,这一点从 2003 年抗击"非典"、2008 年"三鹿奶粉事件"当中可略见一斑。在此背景下,如何动员社会各个方面的参与,做好相应地政策和机制调整,以及加强国家合作,对于我国的可持续发展有着重要意义。正是从这个角度上来讲,本书为我们提供了可借鉴的有益经验,其理论价值和对现实的启示意义也正在于此。

本书在翻译过程中得到赵毅、陈子龙、周凯、王维威、侯海丽、王元、刘素静、王雨蒙、朱燕玲、李笑的帮助和浙江大学非传统安全与和平发展中心的赞助。译者作为对外经济贸易大学商务英语与跨文化研究中心研究员,也得到该中心的大力资助,特此致谢。

图书在版编目(CIP)数据

安全化困境:亚洲的视角 / 段青编译. —杭州:
浙江大学出版社,2010.9
(非传统安全与当代世界译丛 / 余潇枫主编)
书名原文:Non-Traditional Security in Asia:
Dilemmas in securitization
ISBN 978-7-308-07661-6

Ⅰ.①安… Ⅱ.①段… Ⅲ.①国家安全—亚洲—文集
Ⅳ.①D815.5-53

中国版本图书馆 CIP 数据核字(2010)第 107093 号

浙江省版权局著作权合同登记图字:11—2009—136 号
Simplified Chinese Copyright © 2010 by Zhejiang University Press.
All Rights Reserved.

安全化困境:亚洲的视角
Non-Traditional Security in Asia:Dilemmas in securitization
梅利·卡拉贝若-安东尼   拉尔夫·埃莫斯   阿米塔夫·阿查亚 **编著**
Mely Callabero-Anthony   Ralf Emmers   Amitav Acharya

丛书主持	葛玉丹
责任编辑	葛玉丹
特约编辑	陈立影
封面设计	虢 剑 杨 凯
出版发行	浙江大学出版社
	(杭州市天目山路 148 号 邮政编码 310007)
	(网址:http://www.zjupress.com)
排　　版	杭州求是图文制作有限公司
印　　刷	杭州杭新印务有限公司
开　　本	640mm×960mm 1/16
印　　张	12.75
字　　数	168 千字
版 印 次	2010 年 9 月第 1 版 2010 年 9 月第 1 次印刷
书　　号	ISBN 978-7-308-07661-6
定　　价	28.00 元